学ぶ人は、変えてゆく人だ。

目の前にある問題はもちろん、

人生の問いや、

社会の課題を自ら見つけ、

挑み続けるために、人は学ぶ。

「学び」で、

少しずつ世界は変えてゆける。

いつでも、どこでも、誰でも、

学ぶことができる世の中へ。

旺文社

もくじ

社会情勢の変化により，掲載内容に違いが生じる事柄があります。二次元コードを読み取るか，下記URLをご確認ください。
https://service.obunsha.co.jp/tokuten/jiji_news/

教科書対照表　下記専用サイトをご確認ください。

https://www.obunsha.co.jp/service/teikitest/

ＳＴＡＦＦ	校正	稲葉友子，株式会社東京出版サービスセンター，須藤みどり
	装丁デザイン	groovisions
	本文デザイン	大滝奈緒子（プラン・グラフ）
	写真協力	アフロ，株式会社 岩鋳

本書の特長と使い方

本書の特長

1 STEP 1 **要点チェック**，STEP 2 **基本問題**，STEP 3 **得点アップ問題**の3ステップで，段階的に定期テストの得点力が身につきます。

2 スケジュールの目安が示してあるので，定期テストの範囲を1日30分×7日間で，計画的にスピード完成できます。

3 コンパクトで持ち運びしやすい「+10点暗記ブック」＆赤シートで，いつでもどこでも，テスト直前まで大切なポイントを確認できます。

テストの **要点** を書いて確認
「要点チェック」の大事なポイントを，書き込んで整理できます。

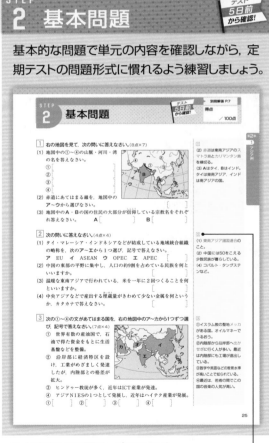

わからない問題は，右のヒントを見ながら解くことで，理解が深まります。

アイコンの説明

STEP 3 得点アップ問題

テスト3日前から確認!

単元の総仕上げ問題です。テスト本番と同じように取り組んで,得点力を高めましょう。

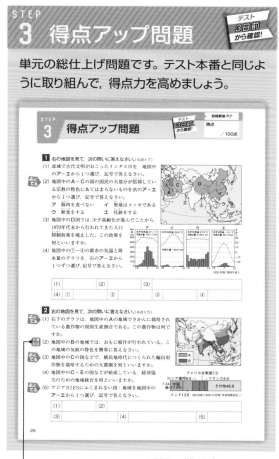

アイコンで,問題の難易度などがわかります。

定期テスト予想問題

章末のまとめ問題です。総合的な問題にチャレンジできます。

+10点 暗記ブック

コンパクトで,テスト当日の確認にピッタリ!赤シート付き。

1 地球の姿

STEP 1 要点チェック

テスト1週間前から確認!

1 地球の姿

① **地球**…全周は約4万km。陸地：海洋＝3：7。

② **六大陸**…<u>ユーラシア大陸</u>，アフリカ大陸，北アメリカ大陸，南アメリカ大陸，<u>オーストラリア大陸</u>，
└面積が最大の大陸
└面積が最小の大陸
南極大陸。 おぼえる!

③ **三大洋**…<u>太平洋</u>，大西洋，インド洋。
└最大の海洋，全陸地面積よりも広い

④ **世界の州区分**…アジア州，ヨーロッパ州，アフリカ州，北アメリカ州，南アメリカ州，**オセアニア州**。

● **アジア州**…<u>東アジア</u>，東南アジア，<u>南アジア</u>，西アジア，<u>中央アジア</u>に分けられる。
└日本，中国など
└インド，パキスタンなど
└ウズベキスタンなど

▼世界の州区分

2 世界のさまざまな国

① **世界の国**…現在，領土・国民・主権をもった独立国が190余りある。

② **国境**…山や川などの地形を利用したものや，<u>緯線や経線などの人工的に引かれたもの</u>がある。
└まっすぐに引かれ，植民地支配を受けたアフリカ州に多い

③ **国旗**…その国の歴史，<u>宗教</u>などの意味をもつ。
└イスラム教徒が多い国は三日月と星

④ **国名の由来**…<u>人名</u>・民族名，自然，位置などから。
└アメリカ合衆国は探検家のアメリゴ・ベスプッチ

⑤ **面積**…最大は**ロシア連邦**，最小は**バチカン市国**。

⑥ **人口**…世界人口は約**78億人**（2020年）。**アジア州**が約**6割**。人口が多い国は，**中国**，**インド**。 よくでる

● **人口密度**…人口を面積で割った値。オーストラリアの人口密度は約3人/km² と低い。

▼さまざまな国旗

アメリカ合衆国　　オーストラリア　　パキスタン

⚠ 重要用語

島国〔海洋国〕
国土が海洋に囲まれている国…イギリス，日本，ニュージーランド，キューバなど。

内陸国
国土がまったく海に面していない国…スイス，チャド，モンゴル，ボリビアなど。

テストの要点を書いて確認　空欄にあてはまる言葉を書こう　別冊解答 P.1

● 六大陸と三大洋

陸地の面積：海洋の面積＝ ① ：②

③ 大陸
④ 大陸
⑤ 大陸
⑥ 大陸
⑦ 大陸
⑧ 大陸
⑨
⑩
⑪

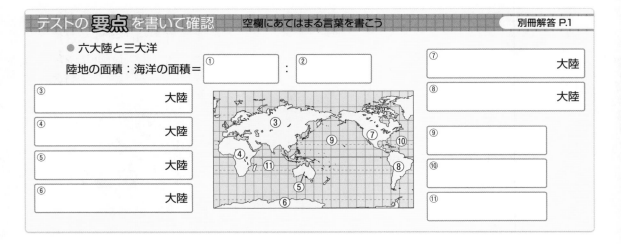

STEP 2 基本問題

テスト5日前から確認!

得点 ／100点

1 右のグラフを見て，次の問いに答えなさい。(7点×4)

(1) Ⅰのグラフ中のX・Yには，陸地と海洋のいずれかがあてはまる。海洋にあたるのは，X・Yのどちらですか。[　　　　]

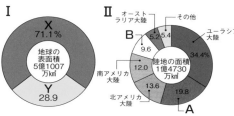

Ⅰ
X 71.1%
地球の表面積 5億1007万km²
Y 28.9

Ⅱ
オーストラリア大陸
その他
ユーラシア大陸 34.4%
B 5.2 5.4
9.6
陸地の面積 1億4730万km²
南アメリカ大陸 12.0
13.6
19.8
A
北アメリカ大陸

(2) Ⅱのグラフ中のA・Bにあてはまる大陸名をそれぞれ答えなさい。
A[　　　　　大陸]　B[　　　　　大陸]

(3) Ⅱのグラフのすべての陸地よりも広い海洋を何といいますか。
[　　　　　　　　　]

2 次の問いに答えなさい。(6点×12)

(1) 右の表は，州別のおもな国々を示したものです。表中のA～Fにあてはまる州名をそれぞれ答えなさい。

A	オーストラリア，フィジー，トンガ
B	エジプト，エチオピア，リビア
C	ブラジル，アルゼンチン，チリ
D	インド，イラン，カザフスタン
E	メキシコ，カナダ，キューバ
F	イギリス，フランス，ドイツ

A[　　　　　州]
B[　　　　　州]
C[　　　　　州]
D[　　　　　州]
E[　　　　　州]
F[　　　　　州]

(2) 下の　　　　　は，アジア州に属する国々です。次の①～⑤の地域にある国を　　　　　の中からそれぞれ選び，答えなさい。
①西アジア　　　　②中央アジア　　　　③南アジア
[　　　　]　　[　　　　]　　[　　　　]

④東南アジア　　　⑤東アジア
[　　　　]　　[　　　　]

タイ　サウジアラビア　大韓民国　ウズベキスタン　パキスタン

(3) 大陸に属さず，国土のすべてが海洋に囲まれ，ほかの国と陸地で接していない国を　　　　　の中から1つ選び，答えなさい。
[　　　　　　　]

ボリビア　スイス　キューバ

1
(1) 陸地と海洋の面積比の大小から考える。
(3) 三大洋…太平洋，大西洋，インド洋の順に広い。

2
(1) 世界の州区分は6つ。
(2) ①アラビア半島とその周辺の地域。
③インドなどがある。インドの西にある国を選ぶ。
④このほかに，マレーシアやインドネシアがある。
⑤日本もふくまれる。日本に最も近い国。
(3) 国土が海洋に囲まれている国を島国〔海洋国〕という。

得点アップ問題

1 右の地図を見て，次の問いに答えなさい。(4点×6)

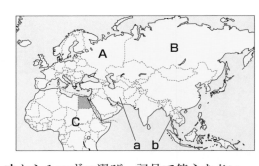

 (1) 地球の表面積にしめる陸地の面積を3とした場合，海の面積はいくらか。整数で答えなさい。

 (2) 地図中の**A・B**の大陸を次の**ア〜エ**から1つずつ選び，記号で答えなさい。

   ア 北アメリカ大陸　　　**イ** アフリカ大陸

   ウ ユーラシア大陸　　　**エ** オーストラリア大陸

(3) 次の各文にあてはまる大陸名を答えなさい。

   ① 最も小さい大陸で，東は三大洋のうちの1つに面している。

   ② 南半球と北半球にまたがっており，インド洋に面していない。

   ③ 地図中にえがかれておらず，三大洋すべてに面している。

(1)		(2)	A		B	
(3)	① 　　　　　　大陸	②	大陸		③	大陸

2 次の問いに答えなさい。(4点×7)

(1) 右の地図中の**A**の州名を答えなさい。

(2) 地図中の**A**の州について正しく述べている文を次の**ア〜エ**から1つ選び，記号で答えなさい。

   ア ユーラシア大陸の西部にある。

   イ 大部分の国は日本より面積が大きい。

   ウ 日本からの距離が最も遠い国がある。

   エ 南部を赤道が通っている。

 (3) 地図中の**a**と**b**の国が属する地域を，次の**ア〜オ**から1つずつ選び，記号で答えなさい。

   ア 東アジア　　**イ** 中央アジア　　**ウ** 東南アジア　　**エ** 南アジア　　**オ** 西アジア

(4) 地図中の**A**と**B**の州にまたがっている国を，次の**ア〜エ**から1つ選び，記号で答えなさい。

   ア ロシア連邦　　**イ** フィンランド　　**ウ** アルゼンチン　　**エ** メキシコ

(5) 地図中の**C**の州名を答えなさい。

(6) 地図中の**C**の州の▓▓▓国は，直線的な国境線を持っている。その理由を，国境を決める基準となっている2つの要素についてふれながら，簡単に答えなさい。

(1)		(2)		(3)	a		b	
(4)		(5)						
(6)								

3 次の問いに答えなさい。

(3点×16)

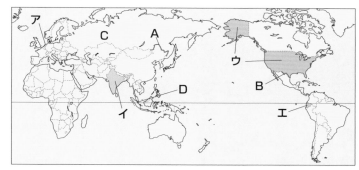

難 (1) 地図中の**A・B**は，曲線的な国境線になっている。**A・B**の国境線で共通して基準になっているものを，次の**ア**～**エ**から１つ選び，記号で答えなさい。

ア さばく　　**イ** 高山　　**ウ** 湖　　**エ** 川

(2) 次の①～③にあてはまる国を，地図中の**ア**～**エ**から１つずつ選び，記号で答えなさい。

① 赤道が通る国で，国名はスペイン語で「赤道」の意味である。

② 国名は，探検家のアメリゴ・ベスプッチの名に由来している。

③ ヨーロッパの国で正式名は，「低地」を意味する「ネーデルラント」という。

(3) 次の①～④の文中の◻︎◻︎◻︎にあてはまる数字や国名を答えなさい。

① 地図中の**C**は面積が世界最大の国で，日本の面積の約◻︎◻︎◻︎倍もある。

② 地図中の**C**の国に次いで面積が大きい国である◻︎◻︎◻︎は，日本の面積の約26倍もある。

③ 地図中の**D**の国は，東京23区くらいの面積しかない◻︎◻︎◻︎である。

④ 面積が世界最小の◻︎◻︎◻︎は，イタリアのローマ市内にある。

(4) 右下のグラフは，州別の人口割合を示している。グラフ中の**X・Y**にあてはまる州名を答えなさい。

(5) まわりを海に囲まれた島国〔海洋国〕としてあてはまらない国を，次の**ア**～**エ**から１つ選び，記号で答えなさい。

ア イギリス　　　　**イ** スイス
ウ ニュージーランド　**エ** フィリピン

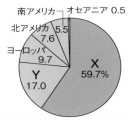

南アメリカ　オセアニア 0.5
北アメリカ 5.5
7.6
ヨーロッパ 9.7
X 59.7%
Y 17.0

(2019年)(2020年版「地理統計要覧」)

(6) まったく海に面していない国を何といいますか。また，このような国のうち，アジア州に位置する国を次の**ア**～**エ**から１つ選び，記号で答えなさい。

ア オーストリア　**イ** マリ　**ウ** ボリビア　**エ** モンゴル

(7) 右の**E**～**G**を国旗とする国を次の**ア**～**エ**から１つずつ選び，記号で答えなさい。

ア アメリカ合衆国　**イ** イラン
ウ オーストラリア　**エ** パキスタン

E　　　　　F　　　　　G

(1)			(2)	①		②		③	
(3)	①		②		③		④		
(4)	X			Y			(5)		
(6)			記号		(7)	E		F	G

② 緯度と経度・世界地図

STEP 1 要点チェック

テスト1週間前から確認!

1 緯度と経度 よくでる

① **緯度と緯線**…赤道を0度として，南北それぞれ90度ずつに分けたもの。赤道より北（北半球）は**北緯**，南（南半球）は**南緯**で表す。同じ緯度を結んだ線が**緯線**。

② **経度と経線**…**本初子午線**を基準に東西に180度ずつに分けたもの。本初子午線より東は**東経**，西は**西経**で表す。
　└経度0度の経線，イギリスのロンドンにある旧グリニッジ天文台を通る

● **対蹠点**…地球上の正反対にある地点。
　└東経140度北緯36度の対蹠点は，西経40度南緯36度になる

③ **気温のちがい**…高緯度にいくほど気温は低くなる。

④ **季節のちがい**…北半球と南半球では，季節が逆になる。

● **白夜**…北極・南極近くの高緯度地域では，夏至の前後に太陽がしずまず，うす明るい夜が続く現象がみられる。

> **くわしく**
>
> **地図帳のさくいんで位置を調べる**
>
> さくいんにある都市の位置が「42B4S」とある場合，42はページ数，Bは経線間のアルファベット，4は緯線間の数字，Sはそのマスの南（Nは北）寄りにあることを意味する。

2 地球儀と世界地図

① **地球儀**…地球を縮めた模型。地球の陸地や海の形と位置，方位などを正確に表す。

② **世界地図**…球体である地球を平面に表したもので，目的に応じてさまざまな地図がある。

▼緯線と経線が直角に交わった地図

・航海図に利用される。
・赤道から離れるほど，実際より大きく表される。

▼面積が正しい地図

・人口分布など「・（ドット）」で表すときに利用する。
・赤道から離れるほど形がゆがむ。

▼中心からの距離と方位が正しい地図

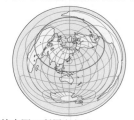

・航空図に利用される。
・中心から離れるほど形がゆがむ。

テストの 要点 を書いて確認　空欄にあてはまる言葉を書こう　別冊解答 P.2

● 緯度と経度

緯度0度の線
①

同じ緯度の地点を結んだ
③

経度0度の線
②

同じ経度の地点を結んだ
④

北緯
南緯

基本問題

別冊解答 P.2

得点 ／100点

1 右の図を見て，次の問いに答えなさい。(8点×9)

(1) 図中の**A・B**の線について述べた次の文中の①～④にあてはまる語句を答えなさい。

「**A**は同じ ① の地点を結んだ線，**B**は同じ ② の地点を結んだ線である。0度の線は特に，**A**では ③ ，**B**では ④ とよばれる。」

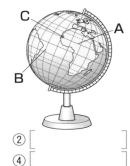

① [   ] ② [   ]
③ [   ] ④ [   ]

(2) (1)④の線が通る都市を [   ] の中から1つ選び，答えなさい。

| ニューヨーク　　パリ　　ロンドン　　カイロ | [   ] |

(3) 図中の**C**の地点の位置は，北緯，南緯，東経，西経のうち，どの2つを使って表されますか。 [   ]

(4) 東京のおおよその位置は，東経140度，北緯36度である。地球上の正反対にあたる対蹠点は，西経（　　　）度，南緯36度の地点にあたる。（　　　）にあてはまる数字を答えなさい。 [   ]

(5) 太陽の光がより広範囲に当たり，気温が高いのは，低緯度地域と高緯度地域のどちらですか。 [   ]

(6) 極地に近い高緯度地域で，夏至のころ，太陽がしずまずにうす明るい夜が続く現象を何といいますか。 [   ]

2 次の文中の（ ① ）～（ ④ ）にあてはまる適切な語句を答えなさい。

(7点×4)

世界（ ① ）は，球体である地球を平面で表したものであるから，（ ② ）や面積，方位などの関係や形を一枚ですべて正確に表すことはできない。そのため，目的に応じてさまざまな種類が用意されている。上図は，（ ③ ）を正しく表したものである。いっぽう，（ ④ ）は地球を縮めた模型なので，地球をほぼ正確に表している。

① [   ] ② [   ]
③ [   ] ④ [   ]

1

(1) 北極点と南極点を結んだ線が経線。

(2) 旧グリニッジ天文台がある都市。

(3) 南半球は南緯，北半球は北緯，東半球は東経，西半球は西経で表される。

(4) 地球の中心に引いた線をのばして反対にある地点。緯度の数字は同じで北緯と南緯がかわる。経度は，東京とその対蹠点の地点を足して180度になる。東経と西経を入れかえる。

(5) 高緯度地域とは北極や南極に近い地域。

(6) 夏至は，太陽が最も高くなる時期。北半球では6月下旬ごろ。

2

立体の地球のすべてを正確に平面の地図に表すことはできない。

得点アップ問題

テスト
3日前
から確認!

得点

／100点

1 右の図を見て，次の問いに答えなさい。(5点×8)

(1) Ⅰの図は地球を縮めて表した模型である。このような模型を何といいますか。

(2) 赤道にあたる緯線をⅠの図中の**ア～エ**から1つ選び，記号で答えなさい。

(3) 0度の経線は，Ⅰの図中の**A・B**のどちらか。また，0度の経線のことを何というか。正しい組み合わせを次の**ア～エ**から1つ選び，記号で答えなさい。
　ア **A**－南回帰線　　　**イ** **A**－本初子午線
　ウ **B**－南回帰線　　　**エ** **B**－本初子午線

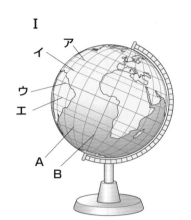

(4) 0度の経線が通っている都市を，次の**ア～エ**から1つ選び，記号で答えなさい。
　ア ロンドン　　　　　　**イ** 福岡
　ウ ニューヨーク　　　　**エ** シドニー

(5) Ⅱの地図中の経線・緯線は，15度おきに引かれている。Ⅱの地図中の**X・Y**の各地点の経度・緯度として正しいものを次の**ア～エ**から1つずつ選び，記号で答えなさい。
　ア 北緯15度，西経45度　　　**イ** 南緯30度，東経150度
　ウ 南緯30度，東経45度　　　**エ** 北緯15度，西経120度

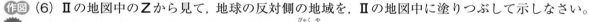

(作図) (6) Ⅱの地図中の**Z**から見て，地球の反対側の地域を，Ⅱの地図中に塗りつぶして示しなさい。

(難) (7) 夏には，夜でも太陽が完全にしずまず，白夜とよばれる現象が見られる地域を，地図中の**ア～ウ**から1つ選び，記号で答えなさい。

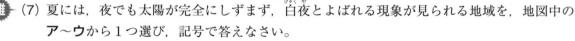

(1)			(2)		(3)	
(4)		(5)	X		Y	
(6)	(図に塗りつぶす)	(7)				

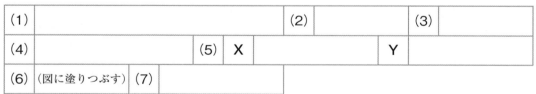

(作図) **2** 次のⅠの図は，世界の5つの大陸を簡単に表したものです。これらの大陸を，Ⅱの図の正しい場所に配置して，世界の略地図を完成させなさい。(3点)

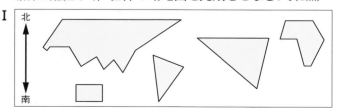

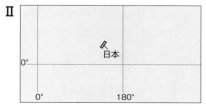

3 右の図は，地図帳を開いたところを示している。これを見て，次の問いに答えなさい。

（4点×3）

(1) 地図中の索引に，①「42 H 5 S」，②「41 B 6 N」と記されている地点を，図中の**ア**〜**カ**から1つずつ選び，記号で答えなさい。なお，「S」は南，「N」は北を意味している。

(2) Xの地点の位置はどのように記されるか。(1)の①・②にならって答えなさい。

(1)	①		②		(2)	

4 右の地図を見て，次の問いに答えなさい。（5点×9）

(1) 右の地図**A**，**B**のうち，面積が正しく表されている地図は，**A**と**B**のどちらですか。

(2) **A**と**B**の地図中のグリーンランドとオーストラリアとでは，実際の面積が広いのはどちらですか。

(3) (1)と(2)から，**A**の地図で国や地域の面積を見るときには，**A**の地図の短所に注意しなくてはいけない。その短所を，「赤道」という語句を用いて簡単に答えなさい。

(4) **C**の地図は，図の中心からの方位と何が正しく表されますか。

(5) 東京から見たロサンゼルスの方位を，次の**ア**〜**エ**から1つ選び，記号で答えなさい。

　ア 北東　　　**イ** 東　　　**ウ** 南東　　　**エ** 南西

(6) **C**の地図の**X**の大陸について，次の問いに答えなさい。

　① **X**の大陸名を答えなさい。

　② ①と同じ大陸を，**B**の地図中の**ア**〜**エ**から1つ選び，記号で答えなさい。

　③ **B**と**C**の地図を比較して読み取れる**C**の地図の短所を簡単に答えなさい。

(7) **A**〜**C**の地図の活用方法について述べた文として正しいものを，次の**ア**〜**ウ**から1つ選び，記号で答えなさい。

　ア 世界各地の人口分布を点（・）で表すときは**A**の地図を使う。

　イ 船で海洋を航海するときの経路を見るときは**B**の地図を使う。

　ウ 航空機で最短移動するときの経路を見るときは**C**の地図を使う。

A

B

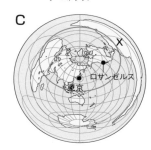

C

(1)		(2)				
(3)					(4)	
(5)		(6)	①			②
(6)	③				(7)	

3 日本の姿

STEP 1 要点チェック

テスト1週間前から確認!

1 日本の位置と領域

① **位置**…ユーラシア大陸の東，太平洋の北西部にある。
　└日本の範囲は北緯20〜46度，東経122〜154度

② **標準時**…日本の**標準時子午線**は**東経135度**。**おぼえる!**
　└兵庫県明石市を通る

● **時差の計算**…2地点の標準時子午線の経度差÷15

③ **領域**…領土・領海・領空からなる。日本は**国土面積**のわり
に排他的経済水域が広い。
　└日本の国土面積は約38万km²

● **日本列島**…北海道，本州，四国，九州と周辺の島々。
　└北海道から沖縄まで約3000km

● **東西南北の端**…北端は択捉島，南端は**沖ノ鳥島**，東端は**南
鳥島**，西端は**与那国島**。**よくでる**

④ **領土をめぐる問題**

● 北方領土…択捉島，国後島，色丹島，歯舞群島。日本固有
の領土だが，現在は**ロシア連邦**が占拠。
　└第二次世界大戦後にソ連が占領

● 竹島…島根県に属する。**韓国**が不法に占拠。

● 尖閣諸島…沖縄県に属する。中国などが領有権を主張し
ているが，領土問題は存在しない。

2 日本の都道府県

① **都道府県**…1都（**東京都**），1道（**北海道**），2府（**大阪府，
京都府**），43県の計**47**。

② **7地方区分**…北海道，東北，関東，中部，**近畿**，中国・
四国，九州の7地方に区分する。
　└北陸，中央高地，東海に区分
　└三重県は生活の結びつきから中部地方の東海にふくまれることがある

▼領土・領海・領空

領空　公海　領土　領海
排他的経済水域　200海里
領海の幅は国によってちがう。日本は12海里

!! **重要用語**

排他的経済水域

領海の外側で，海岸線から200海里（約370km）の水域。水域内の水産資源や鉱産資源は沿岸国が管理する。

▼7地方区分

北海道地方
中部地方
中国・四国地方
近畿地方
九州地方
東北地方
関東地方

テストの要点を書いて確認　空欄にあてはまる言葉を書こう　別冊解答 P.3

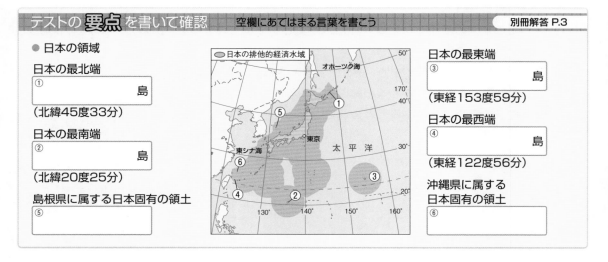

● 日本の領域

日本の最北端
①　　　　　　島
（北緯45度33分）

日本の最南端
②　　　　　　島
（北緯20度25分）

島根県に属する日本固有の領土
⑤

▲日本の排他的経済水域
オホーツク海
東シナ海
東京
太平洋

日本の最東端
③　　　　　　島
（東経153度59分）

日本の最西端
④　　　　　　島
（東経122度56分）

沖縄県に属する
日本固有の領土
⑥

基本問題

1 右の地図を見て，次の問いに答えなさい。((1)～(4)各5点，(5)(6)各7点)

(1) 地図中の**A**～**D**の島の名前をそれ
ぞれ答えなさい。

A [　　　　　]
B [　　　　　]
C [　　　　　]
D [　　　　　]

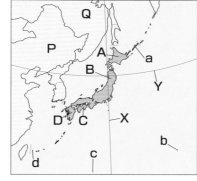

(2) 日本とほぼ同緯度に位置する**P**の
国名を答えなさい。
[　　　　　]

(3) 地図中の**X**の経度を次の**ア**～**エ**から１つ選び，記号で答えなさい。
ア 東経100度　**イ** 東経120度　**ウ** 東経140度　**エ** 東経160度
[　　　　　]

(4) 地図中の**a**～**d**は日本の東西南北の端にある島である。**a**～**d**の島
名を，次の**ア**～**エ**からそれぞれ選び，記号で答えなさい。
ア 与那国島　**イ** 南鳥島　**ウ** 沖ノ鳥島　**エ** 択捉島
a [　　　] b [　　　] c [　　　] d [　　　]

(5) 地図中の**a**の島を占拠している**Q**の国名を答えなさい。
[　　　　　]

(6) 地図中の**Y**は北緯40度の緯線である。日本の７地方区分のうち，**Y**
の緯線が通っている地方名を答えなさい。[　　　　　]

2 次の文中の（　①　）～（　⑥　）にあてはまる適切な語句や数字を答
えなさい。(6点×6)

・各国・地域はそれぞれ（　①　）に基づいて標準時を決めている。
・地球は24時間で１回転するので，経度15度で（　②　）時間の時
　差になる。
・①の経度差が30度である２地点間の時差は（　③　）時間である。
・０度の経線を①とするロンドンと，東経135度の経線を①とする
　東京の時差は（　④　）時間で，（　⑤　）の方が時刻が進んでいる。
・（　⑥　）を西から東にこえるときは，日付を１日遅らせる。

① [　　　　　] ② [　　　　　] ③ [　　　　　]
④ [　　　　　] ⑤ [　　　　　] ⑥ [　　　　　]

1
(1) 日本列島を構成する４
つの大きな島。
(2) 人口が世界最大の国。
首都のペキンはほぼ北緯40
度に位置する。
(3) 日本の東西の範囲は東
経122～154度。
(4) a…北端，b…東端，c
…南端，d…西端。
(5) aの島は，北方領土の
１つ。
(6) 青森，岩手，宮城，秋
田，山形，福島の６県から
なる地方。

2
②地球は24時間で１回転
（360度）するので，１時間
あたりの時差は15度分にな
る。
⑥１日の始まりと終わりを
決める線。ほぼ180度の経
線に沿って引かれている。

得点アップ問題

テスト
3日前
から確認!

1 右の地図を見て，次の問いに答えなさい。(4点×5)

(1) 日本は地図中の**A**の大陸の東に位置している。**A**の大陸名を答えなさい。

(2) 日本から最も近い国の1つである地図中の**B**の国名を答えなさい。

(3) 地図中の**C**の島々は，日本固有の領土でありながら外国に占拠（せんきょ）されている。これらの島々を何といいますか。

(4) 地図中の**C**の範囲にはふくまれない島を次の**ア〜エ**から1つ選び，記号で答えなさい。

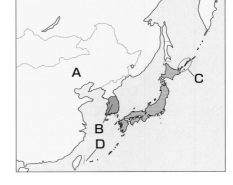

ア 択捉島（えとろふ）　　イ 国後島（くなしり）

ウ 竹島（たけしま）　　エ 色丹島（しこたん）

(5) 地図中の**D**は日本の西の端にあたる島である。**C**から**D**にかけての日本列島の長さは，約何千kmか。1けたの整数で答えなさい。

(1)		(2)		(3)	
(4)		(5)	千 km		

2 国の領域を示した右の図を見て，次の問いに答えなさい。((4)8点，他4点×4)

(1) 国の領域である図中の**A**の水域を何といいますか。

(2) 図中の**B**は，領土と**A**の上空である。**B**の領域を何といいますか。

(3) 図中の**C**は，排他的経済水域を示している。この水域の範囲は，海岸線から何海里までですか。

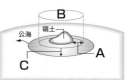

(4) 排他的経済水域とは，どのような水域ですか。「水産資源」「鉱産資源」の2語を用いて，簡単に答えなさい。

(5) 日本の排他的経済水域の面積は447万km²（領海もふくむ）である。これは日本の国土面積のどれくらいか。次の**ア〜エ**から1つ選び，記号で答えなさい。

ア 約半分　　イ ほぼ同じ　　ウ 約2倍　　エ 約12倍

(1)		(2)		(3)	海里
(4)					
(5)					

3 右の地図を見て，次の問いに答えなさい。なお，地図中の緯線・経線は，それぞれ0度を基準に15度おきに引かれています。(4点×5)

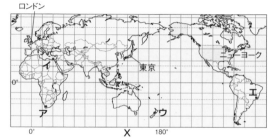

ロンドン　東京　ニューヨーク

0°　X　180°

(1) **X**は日本の標準時を決めている経線である。このような経線を何というか。

(2) **X**の経線が通過している都市を，次の**ア〜エ**から1つ選び，記号で答えなさい。

 ア 静岡県浜松市 **イ** 熊本県熊本市
 ウ 神奈川県川崎市 **エ** 兵庫県明石市

(3) 地図中の東京とロンドンの時差は何時間ですか。

(4) 成田国際空港を2月11日午前11時に出発した航空機が，飛行時間12時間でニューヨークに到着した。到着時のニューヨークの時刻は何日の何時か。午前・午後をつけて答えなさい。

(5) 東京よりも時刻が進んでいる都市を，地図中の**ア〜エ**から1つ選び，記号で答えなさい。

(1)		(2)		(3)	時間
(4)	2月　　　日　　　　時	(5)			

4 右の地図を見て，次の問いに答えなさい。(4点×9)

(1) 地図**Ⅰ**中の**A〜G**は，日本を7つの地方に区分したものである。このうち，**C・F**の地方名をそれぞれ答えなさい。

Ⅰ

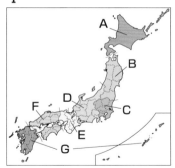

A　B　D　C　F　E　G

(2) 地図**Ⅰ**中の**B**の地方にはふくまれない県を，次の**ア〜エ**から1つ選び，記号で答えなさい。

 ア 茨城県 **イ** 宮城県 **ウ** 山形県 **エ** 青森県

(3) 地図**Ⅰ**中の**A**の都道府県庁所在地名を答えなさい。

(4) 次の文にあてはまる地方を地図**Ⅰ**中の**A〜G**から1つ選び，記号で答えなさい。また，文中の◻︎◻︎◻︎にあてはまる都道府県名を答えなさい。

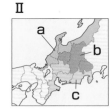

Ⅱ

a　b　c

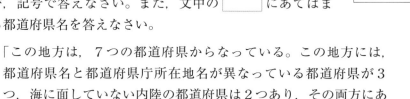

「この地方は，7つの都道府県からなっている。この地方には，都道府県名と都道府県庁所在地名が異なっている都道府県が3つ，海に面していない内陸の都道府県は2つあり，その両方にあてはまるのは◻︎◻︎◻︎である。」

(5) **Ⅰ**の地図中の**D**と**E**の都道府県の一部は，**Ⅱ**の地図の**a〜c**の地域に分けられる場合がある。**a〜c**の地域名をそれぞれ答えなさい。

(1)	C	地方	F	地方	(2)	
(3)		市	(4)	記号　　　都道府県名		
(5)	a		b		c	

4 世界各地の人々の生活と環境

STEP 1 要点チェック

テスト1週間前から確認!

1 世界の気候

① 5つの気候帯…熱帯, 乾燥帯, 温帯, 冷帯〔亜寒帯〕,
温暖湿潤気候, 西岸海洋性気候,
地中海性気候
寒帯に分かれる。 おぼえる!

● 高山気候…赤道に近い低緯度地域でも標高が高ければ
気温は低くなる。

2 世界各地の人々の生活と環境

① 各地の暮らし…現在は伝統的な生活から変化。

● 暑い地域…高床の住居。マングローブ。主食はいも類。

● 乾燥した地域…日干しれんがの家。オアシスに集落。
さばくの中で水が得られるところ
モンゴルの遊牧民は移動に便利なゲルに住む。

● 寒い地域…カナダ北部の先住民イヌイットはあざらし
やカリブーの狩り。シベリアは永久凍土, タイガ。
雪や氷でつくったイグルーの家   まつなどの針葉樹林

● 高い土地…アンデス山脈では, リャマやアルパカを放牧。

② 世界の衣食住…衣服は, インドのサリー, 韓国のチマ・
かんこく
チョゴリ。主食は米, 小麦, とうもろこし, いも類。
住居は, 木や土, 石などの材料, コンクリートなど。

③ 世界の宗教…三大宗教はキリスト教, イスラム教, 仏
アメリカ, ヨーロッパなど   西アジア, 北アフリカなど
教。民族宗教はインドのヒンドゥー教。

● 宗教と暮らし…イスラム教は, 教典「コーラン」に基
クルアーンともいう
づく生活を送る。 よくでる

1日5回, 聖地メッカへの礼拝, 一定期間の断食, 豚肉や飲酒の禁止, 女性は肌を見せない,
きまりを守った料理には「ハラル」認証マークが付けられている

▼主な都市の雨温図

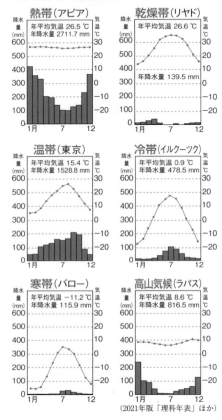

(2021年版「理科年表」ほか)

テストの要点を書いて確認　空欄にあてはまる言葉を書こう

別冊解答 P.4

● 世界の気候帯

赤道周辺に広がる
① ［　　　］帯

降水量が少ない
② ［　　　］帯

温暖な気候
日本の大部分
③ ［　　　］帯

タイガが広がる
④ ［　　　］帯

寒さが厳しい
⑤ ［　　　］帯

STEP 2 基本問題

テスト5日前から確認！

別冊解答 P.4

得点 ／100点

1 次の地図を見て，あとの問いに答えなさい。(7点×10)

(1) 地図中のA～Eの地域の気候を，下の□□□の中からそれぞれ選び，答えなさい。

A [　　　　]
B [　　　　]
C [　　　　]
D [　　　　]
E [　　　　]

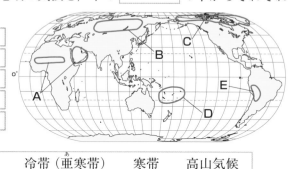

| 熱帯　　乾燥帯（かんそう）　　冷帯（亜寒帯）（あ）　　寒帯　　高山気候 |

(2) 地図中のA～Eの地域で見られるものを，下の□□□の中からそれぞれ選び，答えなさい。

A [　　　　]　　　　B [　　　　]　　　　C [　　　　]
D [　　　　]　　　　E [　　　　]

| オアシス　　イグルー　　アルパカ　　マングローブ　　タイガ |

2 次の文中の（ ① ）～（ ⑥ ）にあてはまる適切な語句を答えなさい。(5点×6)

　人々の生活は，その地域の自然の影響を受けている。熱帯の太平洋にある島々の家がおもに周囲に豊富にある（ ① ）や竹，葉や草でつくられ，アラビア半島の家がおもに土からつくった（ ② ）でつくられているのはその一例である。食事においても，アンデスの高地では（ ③ ）やとうもろこしなど，気候に適した農作物が主食になっている。

　また，人々の生活に大きな影響をおよぼしているものに，宗教がある。各地の（ ④ ）教の信者は，クリスマスなどの年中行事（ねんちゅうぎょうじ）を祝う。1日5回聖地（せいち）に向かって礼拝を行い，豚肉（ぶたにく）を食べず，酒を飲まないなどの戒律（かいりつ）を守るのは（ ⑤ ）教の信者である。タイでは男性の（ ⑥ ）教の信者は，一生に一度は僧侶（そうりょ）として修行を積む。

① [　　　　]　　　　② [　　　　]
③ [　　　　]　　　　④ [　　　　]
⑤ [　　　　]　　　　⑥ [　　　　]

1 Aはさばくや草原が広がる。Bは冬の寒さが厳しいが，夏は気温が上がる。Cは年中寒い。Dは年中暑くて雨が多い。Eはアンデス山脈の標高の高いところ。

(2) イグルーは，氷の上に雪をれんが状に積み上げた住居。マングローブは，熱帯や亜熱帯の河口や入り江に見られる植生。

2 世界の伝統的な住居の材料や食は，身の回りにあるものが活用される。

世界中に広まり，信者数が多い3つの宗教は，主要な地域と，宗教と暮らしについておさえておく。

⑥タイは，東南アジアの国。

STEP

3

得点アップ問題

テスト
3日前
から確認!

別冊解答 P.5

得点

／100点

1 右の地図を見て，次の問いに答えなさい。(4点×11)

(1) 地図中の**A**の地域は，サハラさばくの南にあたる。この地域は何とよばれますか。

 (2) 地図中の**A・B**の地域に見られる，水がわき，耕地や集落が発達しているところを何といいますか。

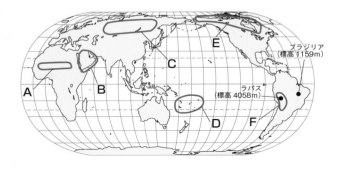
（標高 4058m）ラパス
ブラジリア（標高 1159m）

 (3) 地図中の**C**の地域に見られる針葉樹を中心にした森林をカタカナで何といいますか。

(4) 地図中の**E**の地域の先住民を何といいますか。

(5) 地図中の**E**の地域の先住民の生活や環境の変化について述べたものを，次の**ア～ウ**から1つ選び，記号で答えなさい。

ア 食料入手の方法の中心が，狩りから焼畑農業に変わった。

イ 観光産業がさかんになるにつれ，さんご礁の破壊が進んだ。

ウ 犬ぞりにかわりスノーモービルを使うようになった。

(6) 次の①・②が伝統的な食事となっている地域を，地図中の**A～F**から1つずつ選び，記号で答えなさい。

① カリブーやあざらしの生肉 ② タロいも，バナナの葉を利用した蒸し料理

(7) 右の**X～Z**のグラフは，地図中の**B，D，E**のいずれかの地域の気候を表している。**X～Z**にあてはまる地域を**B，D，E**から1つずつ選び，記号で答えなさい。

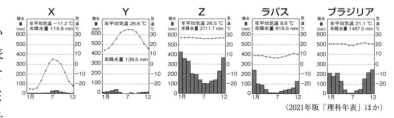
(2021年版「理科年表」ほか)

 (8) 地図中のラパスとブラジリアは，緯度がほぼ同じであるのに，上のグラフからもわかるように気温が異なる。ブラジリアと異なるラパスの気温の特色を，その理由も含めて簡単に答えなさい。

(1)		(2)		(3)	
(4)		(5)		(6) ①	②
(7)	X	Y	Z		
(8)					

2 次の問いに答えなさい。((4)は5点，他4点×4)

A　　　　　　　B　C

(1) Aはモンゴルのテント式の家である。これを何といいますか。

(2) Aに住む人々が営んでいる牧畜のことを何といいますか。

(3) BとCの衣装の名前と，それがおもに見られる地域の組み合わせとして正しいものを，次のア〜エから1つずつ選び，記号で答えなさい。
　　ア　チマ・チョゴリ，朝鮮半島　　イ　サリー，朝鮮半島
　　ウ　チマ・チョゴリ，インド　　エ　サリー，インド

作図 (4) 次の表は，東京の月別の気温と降水量を示している。表をもとに，右のグラフの6〜8月の部分を補い，グラフを完成させなさい。

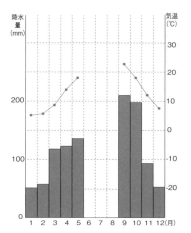

	1月	2月	3月	4月	5月	6月
気温（℃）	5	6	9	14	18	21
降水量（mm）	52	56	118	125	138	168

	7月	8月	9月	10月	11月	12月
気温（℃）	25	26	23	18	12	8
降水量（mm）	154	168	210	198	93	51

(2021年版「理科年表」)

(1)		(2)	
(3) B　　　　　　C		(4)	（グラフにかきこむ）

3 宗教の分布を表した右の地図を見て，次の問いに答えなさい。(5点×7)

(1) 地図中のA〜Cは，三大宗教を示している。A〜Cにあてはまる宗教を，それぞれ答えなさい。

(2) 地図中のA〜Cの特色を，次のア〜ウから1つずつ選び，記号で答えなさい。

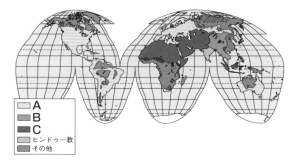

A
B
C
ヒンドゥー教
その他

　　ア　コーラン〔クルアーン〕を教典とし，金曜日にはモスクで集団礼拝を行う。
　　イ　経を教典とし，盆などの日本の年中行事などに影響をあたえている。
　　ウ　聖書を教典とし，日曜日には教会で祈りをささげる。

(3) 右の衣装と関係の深い宗教を，地図中のA〜Cから1つ選び，記号で答えなさい。

(1)	A　　　　　　B　　　　　　C		
(2)	A　　B　　C	(3)	

定期テスト予想問題

別冊解答 P.6

目標時間	得点
45分	／100点

入試に出る! **1** 右の地図を見て，次の問いに答えなさい。なお，地図Ⅱ・Ⅲは，面積が正しい地図か，東京からの距離(きょり)と方位が正しい地図かのいずれかである。(5点×8)

(1) 地図Ⅰに示したa−b，c−d，e−f間の実際の距離について説明している文として最も適切なものを，次のア～エから1つ選び，記号で答えなさい。(富山県)

ア a−b間が最も長い。

イ c−d間が最も長い。

ウ e−f間が最も長い。

エ いずれも同じ長さである。

よくでる (2) 地図Ⅰに示したA～Cの陸地について，地図Ⅱと地図Ⅲのいずれかを参考にして，面積の大きい順に記号で答えなさい。(富山県)

よくでる (3) 地図Ⅱと地図Ⅲのいずれかを参考にして，次の文の ① と ② に適切な方位を八方位で答えなさい。また， ③ と ④ に，東京以外の5都市から適切な都市名を答えなさい。(富山県)

> 東京からみると，シンガポールはほぼ ① に位置し，カイロはほぼ ② に位置している。東京からほぼ1万kmの距離にあるのは， ③ と ④ である。

(4) 右のグラフは，地球上の陸と海の面積および，その割合を示しており，地図ⅡのX，Y，Zは，三大洋のいずれかを示している。グラフの（　）にあてはまる大洋名を答えなさい。また，その大洋をX～Zから1つ選び，記号で答えなさい。(滋賀県・改)

地図Ⅰ

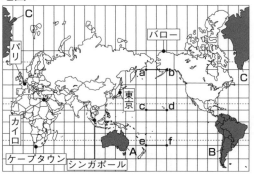

地図Ⅱ

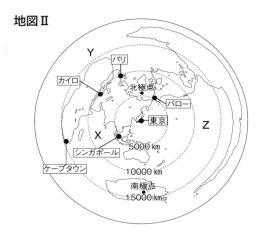

地図Ⅲ

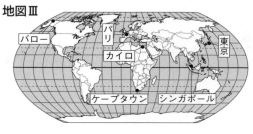

陸の面積 1億4730万km² 28.9%	海の面積 3億3628万km² 71.1%		
	三大洋		その他 10.0%
	太平洋 45.9%	（　）23.9% インド洋 20.2%	

（「理科年表　令和3年」などより作成）

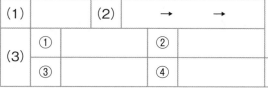

(1)		(2)	→ →		
(3)	①		②		
	③		④		
			(4)	大洋名	記号

2 右の略地図中の破線(－－－)は,経線と緯線を示している。このうち,赤道と本初子午線にあたるものはどれか。図中の緯線と経線のうち,赤道と本初子午線にあたる破線として最も適当なものを一本ずつ選んで,略地図中の破線を,実線(───)でそれぞれなぞり書きなさい。

(5点)(香川県・改)

3 右の図を見て,次の問いに答えなさい。(5点×11)

(1) 地図中の**X**の地域の気候帯を何といいますか。

(2) 地図中の**X**の地域の気候の特色を次の**ア**~**エ**から1つ選び,記号で答えなさい。

　ア 赤道に近いわりには気温が低く,温帯のようなおだやかな気候である。

　イ 1年じゅう気温が高く,降水量が多い。

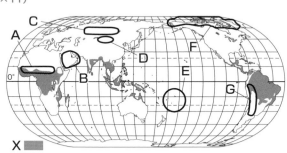

　ウ 夏と冬とで気温と降水量の変化が大きく,四季の変化がはっきりしている。

　エ 冬の寒さは厳しいが,夏は気温が上がるので,冬と夏の気温差が大きい。

(3) 次の①~④の文にあてはまるものをあとの**ア**~**エ**から1つずつ選び,記号で答えなさい。

　① サハラさばくの南にあたる,**A**の地域の名前。

　② **B**の地域で水がわき,集落や耕地が発達したところ。

　③ **C**の地域に広がる針葉樹林の森林。

　④ **G**の地域で,人々が毛をとるために飼育している家畜。

　ア アルパカ　　　**イ** オアシス

　ウ サヘル　　　　**エ** タイガ

(4) 世界を6つの州に分けた場合,**C**の地域が属する州は何ですか。

(5) 右上の**I**・**II**の住居が見られる地域を,地図中の**A**~**G**から1つずつ選び,記号で答えなさい。

(6) 森林が生育するには,適度な気温と降水量が必要である。右の雨温図は,森林が育たない地図中の**B**と**F**の地域のものである。**B**と**F**の地域で森林が育たない理由を雨温図から読み取り,それぞれ答えなさい。

I

II

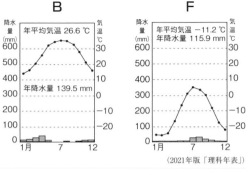

(2021年版「理科年表」)

(1)			帯	(2)		(3)	①		②		③		④	
(4)				州	(5)	**I**				**II**				
(6)	**B**							**F**						

1 アジア州

STEP 1 要点チェック

テスト
1週間前
から確認!

1 アジア州の自然と文化

① 地形…ヒマラヤ山脈，長江やガンジス川。
└「世界の屋根」とよばれる

② 気候…海岸に近い東部は季節風〔モンスーン〕の影響。
└雨季と乾季がある

③ 文化…かつて古代文明が栄えた。
└メソポタミア文明，インダス文明，中国文明など
東アジアは中国の文化の影響を強く受ける

▼アジアの地形

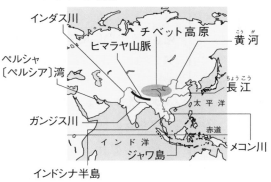

インダス川
チベット高原
黄河
ヒマラヤ山脈
ペルシャ〔ペルシア〕湾
長江
太平洋
ガンジス川
赤道
メコン川
インド洋
ジャワ島
インドシナ半島

2 アジア州の国々

① 中国…14億人を超える人口，漢族と少数民族。
└人口抑制政策の一人っ子政策は廃止 └漢民族

● 産業…農業は北部で畑作，南部で稲作。工業は沿岸部に経済特区を設置，「世界の工場」。

● 経済格差…沿岸部と内陸部の間の人々で収入格差。 よくでる

② アジアNIES〔新興工業経済地域〕の国・地域…韓国，シンガポール，台湾，ホンコン〔香港〕。
└首都ソウル，輸出で成長 └ハイテク産業が発展

③ 東南アジア おぼえる!

● 農業…稲作がさかん，二期作。プランテーションでの農業→天然ゴム，バナナ，油やしなど。

● 経済発展…工業化が進む。ASEANを結成。
└東南アジア諸国連合

④ 南アジア…インドはヒンドゥー教徒が多い。人口は13億人をこえ，2020年代に世界一と予測。

● ICT〔情報通信技術〕産業…インドのベンガルールで発達。
└ソフトウェア開発など └バンガロールともいう，アメリカとの時差を利用して
ソフトウェア開発やコールセンター業務など

⑤ 西アジア・中央アジア…イスラム教徒が多い。西アジアのペルシャ湾岸は世界最大の石油の産出地。産油国はOPECを結成。中央アジアは，天然ガスやレアメタルなどが豊富。
└石油輸出国機構

▼マレーシアの輸出品の変化

					木材 9.3		パーム油 8.9
1980年
総額129.4億ドル	石油
23.8%		天然
ゴム
16.4	機械
類
10.7			その他
30.9

		液化天然ガス 4.0 石油 3.8	
	石油製品 7.3		精密機械 3.6
2018年
総額247.3億ドル	機械類 42.2%		その他
39.1

(2020/21年版「世界国勢図会」ほか)

テストの 要点 を書いて確認　空欄にあてはまる言葉を書こう

別冊解答 P.7

● アジアの自然と国々

① ＿＿＿＿山脈
…「世界の屋根」

② ＿＿＿＿
…夏の風の向き

③ ＿＿＿＿
…アジアNIESの一員

④ ＿＿＿＿
…沿岸部に設置

⑤ ＿＿＿＿
…米の輸出量が世界有数の国

⑥ ＿＿＿＿を結成
…マレーシア・インドネシアなど

⑦ ＿＿＿＿湾
…石油の産出地

中央アジアの国々で天然ガスや
⑧ ＿＿＿＿が豊富

STEP 2 基本問題

テスト 5日前 から確認！

得点 ／100点

1 右の地図を見て，次の問いに答えなさい。(8点×7)

(1) 地図中の①〜④の山脈・河川・湾の名を答えなさい。

①［　　　　　　　］
②［　　　　　　　］
③［　　　　　　　］
④［　　　　　　　］

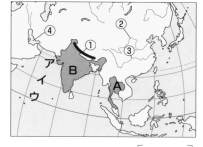

(2) 赤道にあてはまる線を，地図中のア〜ウから選びなさい。［　　　　　　　］

(3) 地図中のA・Bの国の住民の大部分が信仰している宗教名をそれぞれ答えなさい。　　A［　　　　　］　　B［　　　　　］

1
(2) 赤道は東南アジアのスマトラ島とカリマンタン島を横切る。
(3) Aはタイ，Bはインド。タイは東南アジア，インドは南アジアの国。

2 次の問いに答えなさい。(4点×4)

(1) タイ・マレーシア・インドネシアなどが結成している地域統合組織の略称を，次のア〜エから１つ選び，記号で答えなさい。

　ア EU　イ ASEAN　ウ OPEC　エ APEC　［　　　　］

(2) 中国の東部の平野に集中し，人口の約9割を占めている民族を何といいますか。［　　　　　　　］

(3) 温暖な東南アジアで行われている，米を一年に２回つくることを何といいますか。［　　　　　　　］

(4) 中央アジアなどで産出する埋蔵量がきわめて少ない金属を何というか，カタカナで答えなさい。［　　　　　　　］

2
(1) 東南アジア諸国連合のこと。
(2) 中国には50をこえる少数民族が暮らしている。
(4) コバルト・タングステンなど。

3 次の①〜④の文があてはまる国を，右の地図中のア〜カから1つずつ選び，記号で答えなさい。(7点×4)

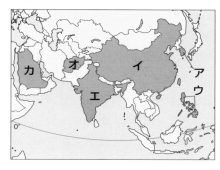

① 世界有数の産油国で，石油で得た資金をもとに生活基盤などを整備。

② 沿岸部に経済特区を設け，工業がめざましく発達したが，内陸部との格差が拡大。

③ ヒンドゥー教徒が多く，近年はICT産業が発達。

④ アジアNIESの１つとして発展し，近年はハイテク産業が発展。

①　②　③［　　　］　④［　　　］

3
①イスラム教の聖地メッカがある国。オイルマネーでうるおう。
②内陸部から沿岸部へ出かせぎに行く人が多い。最近は内陸部にも工場が進出している。
③数学や英語などの教育水準が高いことで知られている。
④最近は，若者の間でこの国の音楽の人気が高い。

1 右の地図を見て，次の問いに答えなさい。(4点×7)

(1) 流域で古代文明がおこったインダス川を，地図中のア～エから1つ選び，記号で答えなさい。

(2) 地図中の**A**～**C**の国の国民の大部分が信仰している宗教の特色にあてはまらないものを次のア～エから1つ選び，記号で答えなさい。

ア　豚肉を食べない　　イ　聖地はメッカである
ウ　断食をする　　　　エ　托鉢をする

(3) 地図中の**D**国では，少子高齢化が進んだことから，1970年代末から行われてきた人口抑制政策を廃止した。この政策を何といいますか。

(4) 地図中の①～④の都市の気温と降水量のグラフを，右のア～エから1つずつ選び，記号で答えなさい。

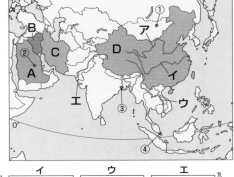

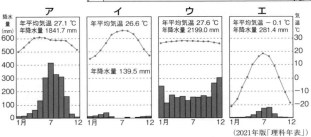

(2021年版「理科年表」)

(1)		(2)		(3)	
(4)	①		②		③		④

2 右の地図を見て，次の問いに答えなさい。(4点×5)

(1) 右下のグラフは，地図中の**A**の地域でさかんに栽培されている農作物の国別生産割合である。この農作物は何ですか。

(2) 地図中の**B**の地域では，おもに稲作が行われている。この地域の気候の特色を簡単に答えなさい。

(3) 地図中の**C**の国などで，植民地時代につくられた輸出用作物を栽培するための大農園を何といいますか。

(4) 地図中の**C**～**E**の国などが結成している，経済協力のための地域統合を何といいますか。

(5) アジアNIESにふくまれない国・地域を地図中のア～エから1つ選び，記号で答えなさい。

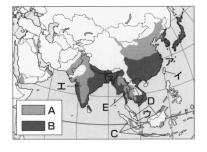

アメリカ合衆国7.0
ロシア連邦9.8 ── ┌─ フランス4.9
7.34 億t | 中国17.9% | | | | | その他46.8 |
インド13.6　(2018年)(2020/21年版「世界国勢図会」)

(1)		(2)	
(3)		(4)		(5)	

3 右の地図とグラフを見て，次の問いに答えなさい。(4点×5)

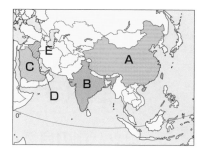

よく
でる
(1) 次の文は，地図中の**A**国の工業について述べている。文中の①にあてはまる語句を答えなさい。また，②から正しいものを１つ選びなさい。

「シェンチェンなどに ┃ ① ┃ が設けられ，外国の企業が有利な条件で誘致(ゆうち)された。その結果，②〔内陸部 沿岸部〕で工業が発展した。」

(2) 地図中の**B**国で，近年，成長している産業を次の**ア**～**エ**から２つ選び，記号で答えなさい。

ア 自動車工業 **イ** 製紙・パルプ工業
ウ 綿織物工業 **エ** ICT〔情報通信技術〕産業

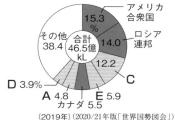

(2019年)(2020/21年版「世界国勢図会」)

よく
でる
(3) 右のグラフは，ある鉱産資源の国別生産割合で，グラフ中の**A**，**C**，**D**，**E**は，地図中の**A**，**C**，**D**，**E**の国である。この鉱産資源を次の**ア**～**エ**から１つ選び，記号で答えなさい。

ア 石炭 **イ** 石油 **ウ** 鉄鉱石 **エ** 金

(1)	①		②		(2)		(3)	

4 右の地図を見て，次の問いに答えなさい。((5)は7点，他5点×5)

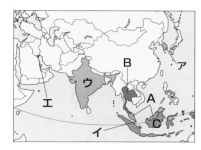

よく
でる
(1) 右下のグラフは，地図中の**A・B**の国の輸出品の変化を示している。グラフ中の①・②にあてはまる品目を，次の**ア**～**オ**から１つずつ選び，記号で答えなさい。

ア 鉄鉱石 **イ** 航空機 **ウ** 機械類
エ 綿花 **オ** 天然ゴム

(2) 地図中の**B**国のある半島では，メコン川などの流域で稲作がさかんである。この半島を何といいますか。

難 (3) 地図中の**C**国で，首都が置かれ，米の二期作が行われている島を何といいますか。

難 (4) 日本にエネルギー資源を大量に輸出していることから，日本との貿易で大幅な黒字になっていると考えられる国を，地図中の**ア**～**エ**から１つ選び，記号で答えなさい。

文章
記述
(5) **A・B**国の輸出品は，どのように変化したか。「農産物」「鉱産資源」の語句を用いて，簡単に答えなさい。

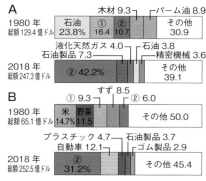

(2020/21年版「世界国勢図会」ほか)

(1)	①		②		(2)	
(3)					(4)	
(5)						

2 ヨーロッパ州

STEP 1 要点チェック

テスト
1週間前
から確認!

1 ヨーロッパ州の自然と文化

① **地形**…アルプス山脈，北部に**フィヨルド**。
　　　　　　　　　└スカンディナビア半島の沿岸部
② **気候**…西部→暖流の**北大西洋海流**と**偏西風**の
　影響で冬でも温暖。地中海沿岸→夏は乾燥。
　　　└西岸海洋性気候　　　　　　└地中海性気候
③ **言語・宗教**…南部→ラテン系言語，北西部→
　　　　　　　　　　　└フランス, イタリア, スペインなど
　ゲルマン系言語，東部→スラブ系言語。キリ
　└イギリス, ドイツなど
　スト教の生活。イスラム教徒も増加。

▼ヨーロッパの地形

2 EU，ヨーロッパ州の産業

① **EU〔ヨーロッパ連合〕**…1993年に発足。加盟国は27か国。
　　　　　　　　　　　　　　　　　　　　　└2020年にイギリスが完全離脱
　関税の撤廃，移動の自由，共通通貨ユーロ。**よくでる**
　　└てっぱい　　　　└パスポートの提示なしで国境移動
● **課題**…域内の経済格差，補助金の負担，移民の増加など。
　　　　　　└国民総所得 (GNI) の差　└経済的に豊かな国の負担額が多く, イギリス離脱の原因に
② **農業**…フランスは小麦の栽培がさかんで食料自給率が高い。
● **混合農業**…穀物や飼料作物の栽培と家畜の飼育。**おぼえる!**
● **地中海式農業**…オリーブやぶどうの果樹栽培と小麦の栽培。
　　　　　　　　　　　　　　　　　　└比較的降水量のある冬に行う
③ **工業**…18世紀後半にイギリスで産業革命，近代工業が発達。
● **地域**…ドイツのルール地方，オランダの臨海部，都市近郊。
　　　　　　└ルール工業地域
● **航空機の国際分業**…ヨーロッパ各国で航空機部品を製造，フランスなどで組み立てている。
④ **環境問題**…酸性雨や地球温暖化に対して，**パークアンドライド**の取り組みや**再生可能エネル**
　└さんせいう　　　　　　　　　　　　　　└郊外に自動車を駐車し, LRT (路面電車) で　　└ヨーロッパでは太陽光発電
　ギーの導入が進んでいる。　　　　　　　　都市の中心部へ移動　　　　　　　　や風力発電, バイオマス発電がさかん

▼ヨーロッパの農業地域

混合農業
酪農
地中海式農業
園芸農業
森林・その他

テストの**要点**を書いて確認　空欄にあてはまる言葉を書こう

別冊解答 P.8

● ヨーロッパの自然と国々

①〔　　　　　〕
…大陸西岸に吹く西よりの風

②〔　　　　　〕
…世界に先がけて産業革命

③〔　　　　　〕農業…作物栽
培と畜産を組み合わせた農業

④〔　　　　　〕…沿岸でオリーブなどを栽培

⑤〔　　　　　〕
…国土面積が世界最大

⑥〔　　　　　〕…乳牛を飼育
し，バターなどを生産

⑦〔　　　　　〕…各国と
航空機を国際分業で製造

⑧〔　　　　　〕山脈…高く
険しい山脈，世界的な観光地

STEP 2 基本問題

テスト5日前から確認!

別冊解答 P.9

得点　　　／100点

1　右の地図を見て，次の問いに答えなさい。(8点×6)

(1) 地図中の①～③の山脈・河川の名を答えなさい。

①［　　　　　　　　　　　　］
②［　　　　　　　　　　　　］
③［　　　　　　　　　　　　］

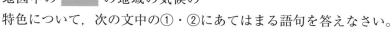

(2) 地図中の**A**の海の沿岸の気候を何といいますか。［　　　　　　　　］

(3) 地図中の■■■■の地域の気候の特色について，次の文中の①・②にあてはまる語句を答えなさい。
「暖流の　①　の上を通って　②　が吹くため，冬も比較的暖かい。」

①［　　　　　　　　　］　②［　　　　　　　　　］

1
(2) この海の沿岸は，夏は高温で乾燥し，温和な冬に雨が降るという特徴がある。
(3) 西岸海洋性気候…西ヨーロッパの気候。高緯度に位置しているが，暖流と風の影響で冬も温暖な気候である。

2　右の地図を見て，次の問いに答えなさい。(5点×4)

(1) 地図中の■■■■の地域で行われている農業を何といいますか。
［　　　　　　　　　　　　　］

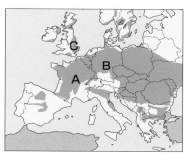

(2) 地図中の**A**はヨーロッパ最大の農業国である。この国の主な言語は何系ですか。
［　　　　　　　　　　　　　］

(3) 地図中の**A**国・**B**国・**C**国が分業で部品製造を行い，**A**国で組み立てている工業製品は何ですか。［　　　　　　　　　　］

(4) 地図中の**B**国で導入されている，自動車を郊外に駐車し，鉄道で市内へ移動するしくみを何といいますか。［　　　　　　　　　　］

2
(1) 穀物・飼料作物の栽培と家畜の飼育を組み合わせた農業。
(2) **A**はフランス。国民の大部分はキリスト教のカトリックを信仰している。
(3) **B**はドイツ。**A**国と**B**国が共同出資してエアバス社という企業を設立した。
(4) 「駐車して乗車する」という意味を表した言葉。

3　次の文中の(①)～(④)にあてはまる適切な語句を答えなさい。

(8点×4)

　1993年，ヨーロッパ連合〔(①)〕が発足した。加盟国は年々拡大していったが，2020年に(②)が離脱した。
　加盟国間では(③)がなくても国境を越えることができ，共通の通貨である(④)を使って買い物ができるので，人・もの・お金の移動はとても便利である。

①［　　　　　　　　　］　②［　　　　　　　　　］
③［　　　　　　　　　］　④［　　　　　　　　　］

3
①アルファベット2文字。
② 2016年に行われた国民投票の結果で離脱が決定，2020年に完全離脱が完了した。
③海外旅行に必要な旅券のこと。カタカナで表現。
④ 2021年現在の加盟国中，19か国で導入。

得点アップ問題

別冊解答 P.9

得点
／100点

1 右の地図を見て，次の問いに答えなさい。(5点×8)

(1) 日本の東北地方を通る北緯40度の緯線を，地図中の**ア**
～**エ**から１つ選び，記号で答えなさい。

(2) 地図中の**A**の海名を答えなさい。また，この海では，
一年中吹いている風を利用した風力発電がさかんに行
われている。この風を何といいますか。

(3) 国際河川のライン川にあてはまる河川を地図中の**a**～
dから１つ選び，記号で答えなさい。

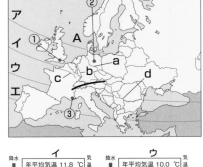

(4) 地図中の①～③の都市の気温と降水量のグラフを，右
の**ア**～**ウ**から１つずつ選び，記号で
答えなさい。

(5) 地中海沿岸で，夏に栽培されている
農作物を次の**ア**～**エ**から１つ選び，
記号で答えなさい。

ア 小麦 **イ** だいず
ウ オリーブ **エ** じゃがいも

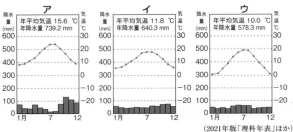

(2021年版「理科年表」ほか)

(1)		(2)	海名		風		(3)	
(4)	①			②		③		(5)

2 次の文を読んで，あとの問いに答えなさい。(4点×5)

　　ヨーロッパの民族は，ゲルマン系，<u>aラテン系</u>，スラブ系に大きく分けられるが，キリ
スト教の宗派もゲルマン系では　①　，ラテン系では<u>bカトリック</u>，スラブ系では　②
の信者が中心という傾向がみられる。民族や言語は異なっているが，一般にヨーロッパの
国々では，<u>c文化や生活習慣が共通している</u>。

(1) 文中の①・②にあてはまる語句を答えなさい。

(2) 下線部**a**の住民が大部分をしめる国を，次の**ア**～**エ**から１つ選び，記号で答えなさい。
ア ポーランド **イ** スペイン **ウ** ドイツ **エ** イギリス

(3) 下線部**b**の中心となる寺院がある国は，世界最小の国で，イタリアのローマ市内にある。
この国を何といいますか。

(4) 下線部**c**について，誤っているものを次の**ア**～**エ**から１つ選び，記号で答えなさい。
ア 酒を飲まず，豚肉を食べない。 **イ** 人々は日曜日に礼拝におもむく。
ウ 都市や農村の中央部に教会がある。 **エ** クリスマスや復活祭などの祝日がある。

(1)	①		②		(2)		(3)			(4)	

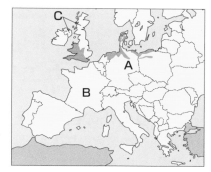

3 右の地図を見て，次の問いに答えなさい。(4点×5)

(1) 地図中の ▨▨▨ の地域で行われている農業の説明を
次の**ア～エ**から1つ選び，記号で答えなさい。
　　ア 乳牛を飼育し，バター・チーズを生産する。
　　イ 一年に米を2回栽培する。
　　ウ 穀物・飼料作物を栽培し，豚・牛を飼育する。
　　エ 夏の果樹栽培と冬の小麦栽培を組み合わせる。

(2) 地図中の**A**国で，古くから鉄鋼・機械・化学工業など
が発達している内陸の工業地域を何といいますか。

(3) 右の表は，地図中の**A～C**の国のおもな輸出
品目を示しています。表中の①～③にあては
まる品目を次の**ア～カ**から1つずつ選び，記
号で答えなさい。

2018年	A	B	C
第1位	機械類	機械類	機械類
第2位	自動車	自動車	自動車
第3位	①	②	金(非貨幣用)
第4位	精密機械	①	①
第5位	金属製品	精密機械	③

(2020/21年版「世界国勢図会」)

　ア 銅鉱　　**イ** 航空機　　**ウ** 原油
　エ 衣類　　**オ** 医薬品　　**カ** 野菜

(1)		(2)	工業地域	(3) ①		②		③	

4 次の文を読んで，あとの問いに答えなさい。(5点×4)

　　1993年，それまでのECを発展させて a EU が発足し，2021年現在では b 27か国が加盟
している。EUの成立によって，ヨーロッパの統合が進んだが，c 問題点も指摘されている。

(1) 下線部**a**の特色を次の**ア～エ**から1つ選び，記号で答えなさい。
　　ア 共通通貨のユーロが流通して，すべての加盟国で使われている。
　　イ 資本の移動は自由であるが，労働者が働くことができるのは自国内だけである。
　　ウ 日本やアメリカ合衆国に比べて，環境問題への取り組みがおくれている。
　　エ 加盟国間からの輸入品に税金がかからず，域内の貿易がさかんになった。

(2) 下線部**b**にふくまれない国を次の**ア～エ**から1つ選び，記号で答えなさい。
　　ア ルクセンブルク　　**イ** ギリシャ　　**ウ** スイス　　**エ** スウェーデン

(3) 下線部**c**について，右
のグラフは資料**I**をも
とにEU加盟の4国の
1人あたりの国内総生
産を示したものです。
他の3国にならって，
ポーランドの部分を完
成させなさい。

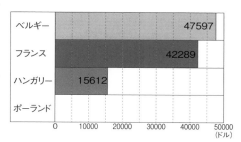

I

1人あたり国内総生産 （ドル）(2018年)	
ベルギー	47597
フランス	42289
ハンガリー	15612
ポーランド	14791

(2020/21年版「世界国勢図会」)

(4) グラフから読み取れるEUの問題点について，簡単に答えなさい。

(1)		(2)		(3)	(グラフにかきこむ)
(4)					

3 アフリカ州

STEP 1 要点チェック

テスト1週間前から確認!

1 アフリカ州の自然と歴史

① **地形**…世界最大の**サハラさばく**，世界最長の**ナイル川**。
　└南側の地域を「サヘル」という

② **気候**…赤道から南北に**熱帯，乾燥帯，温帯**へ変化。おぼえる!

③ **歴史**…16世紀以降，奴隷としてアメリカ大陸へ。19世紀末にヨーロッパの**植民地**。第二次世界大戦後に独立。
　└影響→かつての宗主国の言語が公用語，直線的に引かれた国境線

● **南アフリカ共和国**…アパルトヘイト〔人種隔離政策〕廃止後に黒人政権が誕生したが，白人と黒人の経済格差。

▼アフリカの地形

2 アフリカ州の産業と課題

① **農業**…伝統的な**焼畑農業**。北部と南部の温帯地域で地中海式農業。**プランテーション農業**で輸出用
　　　　　　　　　　　　　　　　　　　　　└植民地時代にヨーロッパ人が開発
作物を栽培→ギニア湾岸で**カカオ**，ケニアでコーヒーや茶の栽培がさかん。乾燥地域では**遊牧**。

② **豊富な鉱産資源**…**金**，ダイヤモンド，ナイジェリ
　　　　　　　　　　　　└南アフリカ共和国が世界有数
アや北アフリカで**石油**，ザンビアの**銅**，**レアメタ**
ルなど。

③ **モノカルチャー経済**…特定の農産物や鉱産資源の輸出にたより，不安定な経済。よくでる

④ **アフリカの課題**…人口が都市部に集中する都市化，**スラム**の形成。人口増加による食料不足，栄養不足→病気に対抗する抵抗力が弱く，死亡する人が多い。さばく化などの環境問題。

● **アフリカ連合〔AU〕**…アフリカの国・地域が政治的・経済的な結びつきを強化するために結成。

▼農産物や鉱産資源にかたよる輸出品

石油製品8.5		金(非貨幣用)6.8	
野菜・果実11.8		天然ゴム6.4	

コートジボワール 118億ドル … カカオ豆 27.5% ｜ その他39.0

液化天然ガス9.9　その他7.8
ナイジェリア 624億ドル … 原油82.3%

(2018年)(2020/21年版「世界国勢図会」)

テストの要点を書いて確認　空欄にあてはまる言葉を書こう

別冊解答 P.10

● アフリカの自然と国々

① 　　　　　さばく

アフリカの動き

… ②

を結成

③ { }
コートジボワール
　…カカオ栽培がさかん

④
…石油を産出

⑤ 　　　　　川
…世界最長，流域で古代文明

⑥
…さばく化が進む

⑦ 　　　　　周辺
…年中高温多雨の気候，プランテーション農業や焼畑農業

⑧
…金の産出国，アフリカの中でも工業化が進んだ国

基本問題

別冊解答 P.10

得点　　　／100点

---

1 右の地図を見て，次の問いに答えなさい。(8点×5)

(1) 地図中の①～③の河川・さばく名を答えなさい。
　① [　　　　　　川]
　② [　　　　　　川]
　③ [　　　　　さばく]

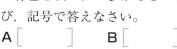

(2) 地図中の**A・B**の地域の気候や産業の特色を次の**ア～ウ**から1つずつ選び，記号で答えなさい。

A [　　　]　　**B** [　　　]

ア 一年じゅう高温で雨が多く，焼畑農業が行われている。

イ 降水量がきわめて少なく，らくだなどの遊牧が行われている。

ウ 過ごしやすい温帯の気候で，小麦やぶどうが栽培されている。

2 次の問いに答えなさい。(9点×4)

(1) 次の文中の①にあてはまる語句を答えなさい。また，②にあてはまるものを1つ選びなさい。

「16世紀以降，アフリカ大陸に住む人々が [　①　] として，②〔アジア　アメリカ　ヨーロッパ〕に連れていかれた。」

　　　　　　　① [　　　　　　] ② [　　　　　　]

(2) 次の文は，アフリカに植民地時代の影響が残っている例を述べている。文中の [　　] にあてはまる語句を答えなさい。

「アフリカには，英語やフランス語を [　　] としている国が多い。」

[　　　　　　　　]

(3) 人口が集中しているアフリカの都市で見られる，上下水道などが未整備な生活地区を何といいますか。 [　　　　　　]

3 右の地図を見て，次の問いに答えなさい。(8点×3)

(1) カカオの栽培がさかんな地域を地図中の**ア～エ**から1つ選び，記号で答えなさい。 [　　　]

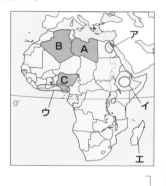

(2) 地図中の**A～C**の国で多く産出するエネルギー資源は何ですか。 [　　　　　　]

(3) アフリカの国々に多い，特定の農作物や鉱産資源の輸出にたよる経済を何といいますか。 [　　　　　　]

1

(1) ①の川の流域でおこった古代文明の遺跡として，ピラミッド・スフィンクスなどがある。

(2) アフリカの気候

北
温帯
乾燥帯
熱帯
（赤道）
熱帯
乾燥帯
温帯
南

2

(2) 複数の言語があるため，国が公式に用いている言語。

3

(1) カカオ栽培の条件…気温が高く，雨が多い。

(2) **A**はリビア，**B**はアルジェリア，**C**はナイジェリア。

(3) 輸出品において，農作物や鉱産資源のしめる割合が高くなっている。

STEP 3 得点アップ問題

1 右の地図を見て，次の問いに答えなさい。(4点×6)

(1) 赤道にあてはまる線を，地図中の**ア～ウ**から1つ選び，記号で答えなさい。

(2) 地図中の**A**の川の説明として正しいものを次の**ア～エ**から1つ選び，記号で答えなさい。

ア 流域にはルールなどの工業地域がある。

イ 古代には，流域でインダス文明がおこった。

ウ 世界最長の川である。

エ 流域面積が世界最大である。

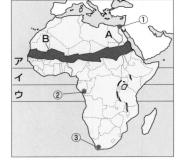

(3) 地図中の**B**の地域で，立ち木を伐採（ばっさい）しすぎたり，家畜の数を増やしすぎたりしたために生じた問題は何ですか。

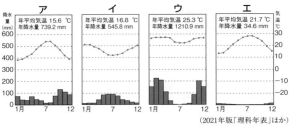

	ア	イ	ウ	エ
年平均気温	15.6 ℃	16.8 ℃	25.3 ℃	21.7 ℃
年降水量	739.2 mm	545.8 mm	1210.9 mm	34.6 mm

(4) 地図中の①～③の都市の気温と降水量のグラフを，右の**ア～エ**から1つずつ選び，記号で答えなさい。

(2021年版「理科年表」ほか)

(1)		(2)		(3)	
(4)	①		②		③

2 右の地図を見て，次の問いに答えなさい。(6点×5)

(1) 国民の大部分がイスラム教を信仰している国を，地図中の**ア～オ**から1つ選び，記号で答えなさい。

(2) 次の文があてはまる国を，地図中の**ア～オ**から1つ選び，記号で答えなさい。また，国名を答えなさい。

「アパルトヘイトという人種隔離（かくり）政策は廃止（はいし）されたが，白人と黒人の経済格差が残っている。」

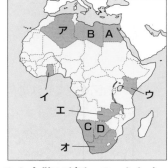

(3) 地図中の**A**国と**B**国，**C**国と**D**国の国境線は，何にもとづいて引かれていますか。

(4) 16世紀以降，アフリカ大陸に住む人々が奴隷（どれい）として南北アメリカ大陸に連れていかれた。このことは，アフリカにどのような影響をおよぼしたか。簡単に答えなさい。

(1)		(2)	記号	国名	(3)	
(4)						

3 右の地図を見て，次の問いに答えなさい。(4点×4)

(1) 右下のグラフは，ある農作物の国別生産割合で，グラフ中の
A〜Dは地図中のA〜Dの国を示している。次の①，②の問
いに答えなさい。

第2章 ③ アフリカ州

よくでる ① この農作物は何ですか。

難 ② この農作物の栽培は，どのような気候条件が適している
か。次の**ア〜ウ**から1つ選び，記号で答えなさい。

ア 高温で雨が多い。　　**イ** 高温で雨が少ない。
ウ 夏はすずしく，降水量が少ない。

(2) アフリカの国々が2002年に結成した国際組織を次の**ア〜エ**か
ら1つ選び，記号で答えなさい。

ア ASEAN　**イ** NIES　**ウ** EU　**エ** AU

よくでる (3) 地図中の●では，コバルト・クロムなどが産出する。埋蔵量
の少ない，これらの鉱産資源を何といいますか。カタカナで
答えなさい。

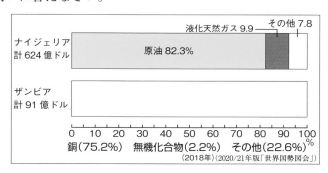

D 5.9
C 6.3
合計 525万t
A 37.4%
その他 21.0
B 18.1
インドネシア 11.3
(2018年)(2020/21年版「世界国勢図会」)

(1)	①		②		(2)		(3)	

4 次の文を読んで，あとの問いに答えなさい。(5点×6)

　一部の国を除いて，アフリカの大部分はヨーロッパ諸国の 　①　 とされてきたが，第
二次世界大戦後，多くの国がヨーロッパ諸国からの 　②　 を達成し，国づくりを進めた。
しかし，アフリカ諸国は人口爆発をはじめ，a さまざまな問題をかかえている。また，
b 特定の産物の生産・輸出に依存する国が多いことも問題である。

(1) 文中の①・②にあてはまる語句を答えなさい。

(2) 下線部 a にあてはまらないものを次の**ア〜エ**から1つ選び，記号で答えなさい。

ア 大都市でスラムが形成されている。　　**イ** 森林が減少し，野生の生物が減っている。
ウ 少子高齢化が急速に進行している。　　**エ** マラリアやエイズで死亡する人が多い。

(3) 下線部 b について，次の①〜③の問いに答えなさい。

作図 ① 右のグラフは，アフリカの2
つの国の輸出品目を示してい
る。示された数値をもとに，ザ
ンビアの輸出品目の割合を示し
たグラフを完成させなさい。

ナイジェリア 計624億ドル
原油82.3%
液化天然ガス 9.9　その他 7.8

ザンビア 計91億ドル

0 10 20 30 40 50 60 70 80 90 100 %
銅(75.2%)　無機化合物(2.2%)　その他(22.6%)
(2018年)(2020/21年版「世界国勢図会」)

よくでる ② グラフに見られるような経済
を何といいますか。

文章記述 ③ グラフに見られるような経済
は，どのような点が問題ですか。簡単に答えなさい。

(1)	①		②		(2)		(3)	①	(グラフに記入)
(3)	②		③						

4 北アメリカ州

STEP 1 要点チェック

テスト1週間前から確認！

1 北アメリカ州の自然と文化・社会

① **地形**…高くて険しい**ロッキー山脈**，**ミシシッピ川**。

② **気候**…北極圏は寒帯，大陸西部は乾燥帯，東部は温帯。

③ **歴史**…18世紀にイギリスから独立，開拓。

● **人口構成**…先住民。世界中から**移民**を受け入れ，ヨーロッパ系，アフリカ系，アジア系など。近年は，**ヒスパニック**が増加。 よくでる
（ネイティブアメリカンとよばれる）
（メキシコや中央アメリカ，西インド諸島からの移住，スペイン語を話す）

④ **文化・都市**…ジャズなどの新しい文化。**ニューヨーク**。
（人口が多い，国連本部やウォール街）

⑤ **生活**…車社会，大量生産・大量消費の生活様式。
（フリーウェイ，郊外に大型ショッピングセンター）

⑥ **カナダ**…英語・フランス語が公用語。アメリカとの結びつき。
（ケベック州）

2 北アメリカ州の産業

① **農業**…**企業的な農業**，世界中に輸出→「世界の食料庫」。
（少ない労働力で広大な農地を経営）

● **穀物メジャー**…穀物関連の巨大企業，**アグリビジネス**が発達。
（農作物の生産・加工・流通・販売，新種の開発など）

● **適地適作**…気候や土壌など自然条件に合った農作物を生産。**グレートプレーンズ**や**プレーリー**で小麦やとうもろこし，南東部で綿花，五大湖周辺で酪農。

② **資源・工業**…石炭・石油・鉄鉱石などの豊富な鉱産資源。五大湖周辺で**鉄鋼業**，流れ作業による大量生産方式で**自動車工業**が発達。近年は**先端技術産業**中心となる。
（ピッツバーグ）（デトロイト）（ハイテク産業）

● **サンベルト**…北緯37度以南。1970年代以降，工業の中心地域となる。 おぼえる！
（ヒューストンで航空宇宙産業）

● **シリコンバレー**…サンフランシスコ近郊にある**ICT〔情報通信技術〕**関連企業が集中する地域。

● **多国籍企業**…世界中に生産や販売の拠点をもつ企業。アメリカ合衆国に多い。

▼北アメリカの地形

五大湖
ロッキー山脈
グレートプレーンズ
プレーリー
中央平原
ニューヨーク
ワシントンD.C.
アパラチア山脈
太平洋
大西洋
ミシシッピ川
メキシコ湾
フロリダ半島

▼アメリカ合衆国の人口構成

先住の人々 1.2
その他 2.8
アジア系 5.6
アフリカ系 13.3
ヨーロッパ系 77.1%
合計 3億2142万人

※総人口のうち17.6%がヒスパニック（アメリカ国勢調査局資料）
（2015年）

テストの要点を書いて確認　空欄にあてはまる言葉を書こう

別冊解答 P.11

● 北アメリカの自然とアメリカ合衆国

① ［　　　］山脈

サンフランシスコ近郊…ICT関連企業が集中
② ［　　　］

グレートプレーンズ…③ ［　　　］の栽培

④ ［　　　］…太平洋岸で最大の都市

⑤ ［　　　］…周辺のデトロイトなどで早くから工業が発達

⑥ ［　　　］…国際連合の本部がある

⑦ ［　　　］…新しい産業が急成長

⑧ ［　　　］山脈

基本問題

テスト 5日前 から確認！

別冊解答 P.11

得点　　　／100点

1 右の地図を見て，次の問いに答えなさい。(8点×6)

(1) 地図中の①〜④の山脈・河川・平原の名を答えなさい。

① [　　　　　　山脈]
② [　　　　　　山脈]
③ [　　　　　　　川]
④ [　　　　　　平原]

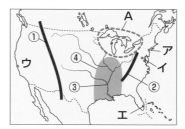

(2) 地図中のAの湖をまとめて何といいますか。 [　　　　　　]

(3) 気温が高く，降水量の多い亜熱帯性の気候の都市を，地図中のア〜エから1つ選び，記号で答えなさい。 [　　　]

2 次の問いに答えなさい。(5点×4)

(1) アメリカ合衆国の先住民を何といいますか。 [　　　　　　]

(2) メキシコや中央アメリカ，西インド諸島の国からアメリカ合衆国へ移住した人々を何といいますか。 [　　　　　　]

(3) アメリカ合衆国の国土面積は日本の約何倍か。次のア〜エから1つ選び，記号で答えなさい。 [　　　]

ア 2倍　　イ 8倍　　ウ 14倍　　エ 26倍

(4) ニューヨークにあてはまらないものを次のア〜エから1つ選び，記号で答えなさい。 [　　　]

ア アメリカ合衆国の首都である。　　イ ウォール街がある。
ウ アメリカ合衆国で人口が最も多い。　エ 国連本部がある。

3 右の地図を見て，次の問いに答えなさい。(8点×4)

(1) 地図中の①，②の地域でさかんに栽培されている農作物を次のア〜エから1つずつ選び，記号で答えなさい。

① [　　　] ② [　　　]

ア 小麦　　イ 綿花
ウ 果樹　　エ とうもろこし

(2) 地図中のAの都市の南にあるICT関連企業が集まった地域を何といいますか。 [　　　　　　]

(3) 地図中のBの地域などで産出している鉱産資源は何ですか。

[　　　　　　]

1

(1) ③北アメリカ大陸で最長の川。
(2) スペリオル湖・ヒューロン湖・ミシガン湖・エリー湖・オンタリオ湖からなる。
(3) 北部の北極圏は寒帯で，南に行くにしたがって温暖になる。

2

(1) アメリカインディアン，エスキモーなどの先住の人々を指す。
(2) メキシコや中央アメリカではスペイン語が話されている。
(3) アメリカ合衆国の国土面積は約983万km²。
(4) ウォール街には株式市場があり，世界の金融の中心地の1つ。

3

(1) アメリカ合衆国では，気候・土壌などの自然条件に合った，適地適作の農業が行われている。
(2) Aの都市はサンフランシスコ。
(3) アメリカ合衆国は鉱産資源にめぐまれている。

1 右の地図を見て，次の問いに答えなさい。(4点×6)

(1) 地図中の**A・B**の山脈のうち，高く険しい山脈の名称を答えなさい。

(2) 右下の①・②の雨温図があてはまる都市を，地図中の**ア～エ**から1つずつ選び，記号で答えなさい。

(3) 次の文があてはまる都市を地図中の**ア～エ**から1つ選び，記号で答えなさい。

「国際連合の本部やウォール街があるとともに，演劇やファッションの発信地としても知られている。」

(4) 地図中の**C**の国名を答えなさい。また，この国の説明として正しいものを次の**ア～エ**から1つ選び，記号で答えなさい。

ア 国土面積が世界最大である。

イ 国民の大部分はイスラム教を信仰している。

ウ アメリカ合衆国との結びつきがたいへん強い。

エ 英語とドイツ語を公用語としている。

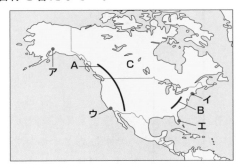

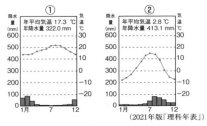

(2021年版「理科年表」)

(1)		(2)	①		②	
(3)		(4)	国名		説明	

2 次の文を読んで，あとの問いに答えなさい。(4点×4)

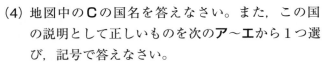

　アメリカ合衆国は，東部の13州が ① から独立して建国され，現在は50の州からなっている。a人口の構成は複雑であるが，最近は ② 語系のヒスパニックや，アジア系の人々が増えてきている。アメリカ合衆国ではb高速道路が整備され，都市の郊外に巨大なショッピングセンターがつくられている。

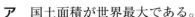

(1) 文中の①・②にあてはまる国名を答えなさい。

(2) 下線部**a**について，かつて奴隷として連れてこられた人々の子孫は，南部の州に多い。どこから連れてこられたか，右の地図中の**ア～エ**から1つ選び，記号で答えなさい。

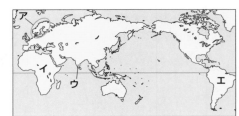

(3) 下線部**b**の理由を「普及」という語句を用いて，簡単に答えなさい。

(1)	①		②		(2)	
(3)						

3 右のグラフを見て，次の問いに答えなさい。(5点×4)

(1) グラフは，ある農作物の国別生産割合と国別輸出割合を示している。次の①，②に答えなさい。

① 日本もこの農作物を家畜の飼料として大量に輸入している。この農作物は何ですか。

② この農作物の栽培がさかんな地域を，右の地図中の**ア～エ**から1つ選び，記号で答えなさい。

(2) グラフの農作物をはじめ，さまざまな穀物の価格決定に影響力をもっている巨大企業を何といいますか。

(3) アメリカ合衆国は「世界の食料庫」とよばれているが，これはアメリカがきわめて安価に農作物を輸出できるからである。これが可能な理由を「耕地」「機械」という語句を用いて，簡単に答えなさい。

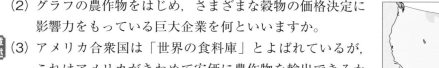
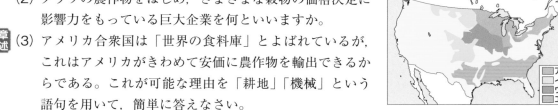

(1)	①		②		(2)	
(3)						

4 右の地図を見て，次の問いに答えなさい。(5点×8)

(1) アメリカ合衆国には，世界中に生産や販売の拠点をもつ大企業が多い。このような企業を何といいますか。

(2) 地図中の**A**はデトロイト，**B**はヒューストンである。これらの都市で発達している工業を，次の**ア～オ**から1つずつ選び，記号で答えなさい。

ア 鉄鋼業　　**イ** 自動車工業

ウ 造船業　　**エ** 毛織物工業

オ 航空宇宙産業

(3) 次の文中の①・③から正しいものを1つずつ選び，記号で答えなさい。また，②にあてはまる語句を答えなさい。

「地図中の**C**は，北緯①〔**ア** 27　**イ** 32　**ウ** 37〕度の緯線で，これより南の地域は ② とよばれ，③〔**エ** せんい産業　**オ** 食品加工業　**カ** ICT産業〕が急成長している。」

(4) 次の①・②の文があてはまる地域を，地図中の**ア～エ**から1つずつ選び，記号で答えなさい。

① 情報通信技術関連の企業が集中して，シリコンバレーとよばれている。

② 付近で産出する石炭・鉄鉱石と水運を結びつけて，早くから工業が発達した。

(1)			(2)	A		B		(3)	①	
②		③			(4)	①			②	

5 南アメリカ州

STEP 1 要点チェック

テスト
1週間前
から確認!

1 南アメリカ州の自然と文化

① **地形**…南北に長い**アンデス山脈**，流域面積最大の**アマゾン川**。

② **気候**…赤道付近は熱帯，アンデス山脈の高地は高山気候。

③ **歴史**…インカ帝国，スペインやポルトガルの植民地。日系人。
└ブラジルの公用語はポルトガル語，ほかはスペイン語　└ブラジルに多い

● **人口構成**…先住民，ヨーロッパ系，混血の人々〔**メスチーソ**〕。

④ **文化**…ブラジルのカーニバル，アルゼンチンのタンゴなど。

▼南アメリカの地形

ギアナ高地
アマゾン川
セルバ
アンデス山脈
ブラジル高原
ラプラタ川
パンパ
地球の正反対側に置いた東京の位置

2 南アメリカ州の産業と環境保全

① **農業**…アマゾン川流域で焼畑農業。
　　　　　　　　　　　やきはた

● **ブラジル**…**コーヒー**，**さとうきび**，大豆，鶏肉，牛肉などの生産で多角化が進む。**よくでる**

● **アルゼンチン**…**パンパ**で小麦，肉牛の放牧。

② **資源**…ベネズエラやエクアドルで**石油**，ブラジルの**鉄鉱石**，チリやペルーの**銅**。

③ **工業**…ブラジル→工業化，自動車や航空機の製造。他の国は**モノカルチャー経済**の国が多い。
　　└BRICSの1つ　　　　　└特定の品目の輸出にたよる

④ **開発と環境保全**…アマゾン川流域の開発→鉄道や道路建設，牧場や農地の開発などにより，熱帯林〔熱帯雨林〕の減少，動植物の絶滅などの環境問題が起こる。

● **バイオエタノール**〔**バイオ燃料**〕…さとうきびを原料にした燃料で，自動車に使用。原料の
　　└二酸化炭素の排出量をおさえる
畑を拡大することで環境破壊も問題になり，**持続可能な開発**が課題となっている。**おぼえる!**

▼ブラジルの輸出品の変化

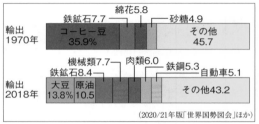

	鉄鉱石7.7 綿花5.8	砂糖4.9
輸出1970年	コーヒー豆 35.9%	その他 45.7

	機械類7.7 肉類6.0 鉄鋼5.3 自動車5.1	
	鉄鉱石8.4	
輸出2018年	大豆13.8% 原油10.5	その他43.2

(2020/21年版「世界国勢図会」ほか)

テストの **要点** を書いて確認　空欄にあてはまる言葉を書こう　　別冊解答 P.12

● 南アメリカの自然と国々

① 〔　　　　　〕山脈
…6000m級の高山もある

② 〔　　　　　〕
…高地の首都キトは1年を通じて過ごしやすい気候

ペルー…③ 〔　　　　〕帝国の遺跡

④ 〔　　　　〕…銅鉱の生産と輸出

ブラジル

⑤ 〔　　　　　〕…石油を輸出

⑥ 〔　　　　〕川
…流域面積が世界最大

⑦ 〔　　　　〕の減少が深刻な問題となっている。

ブラジル…植物が原料の
⑧ 〔　　　　　〕の生産がさかん

⑨ 〔　　　　　〕…パンパで小麦の栽培や牛の放牧

基本問題

得点 ／100点

---

1 右の地図を見て，次の問いに答えなさい。(6点×6)

(1) 地図中の①～④の山脈・高原・河川名を答えなさい。

① [　　　　　　　　　山脈]
② [　　　　　　　　　高原]
③ [　　　　　　　　　　川]
④ [　　　　　　　　　　川]

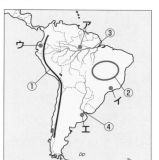

(2) 地図中の④の川の流域の草原を何といいますか。 [　　　　　　　]

(3) 1年を通じて気温が10℃台と安定している気候の都市を，地図中の**ア～エ**から1つ選び，記号で答えなさい。 [　　　]

2 次の問いに答えなさい。(8点×3)

(1) 現在のペルー付近にあり，15世紀に最盛期をむかえた国を何といいますか。 [　　　　　　　]

(2) ブラジルを除く南アメリカのほとんどの国の公用語は，どこの国の言語ですか。 [　　　　　　　]

(3) ブラジルの文化に関係の深いものを，次の**ア～エ**から1つ選び，記号で答えなさい。 [　　　]

ア ジャズ　**イ** タンゴ　**ウ** カーニバル　**エ** コーラン

3 右の地図を見て，次の問いに答えなさい。(8点×5)

(1) 地図中の①，②の国で多く産出し，これらの国の重要な輸出品となっているものを，次の**ア～オ**から1つずつ選び，記号で答えなさい。

ア 石油　**イ** 石炭　**ウ** 金
エ 銅鉱　**オ** ウラン

①[　　　]　②[　　　]

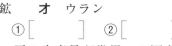

(2) コーヒー豆の生産量が世界一の国を，地図中の**ア～エ**から1つ選び，記号で答えなさい。 [　　　]

(3) **A**地域と周辺の環境問題について，次の文中の①・②にあてはまる語句を答えなさい。　①[　　　　　]　②[　　　　　]

「 ① が広がっているが， ② の開発や道路の建設などにともなって ① が減少し，深刻な環境破壊が生じている。」

1

(1) ③南アメリカ大陸で最長の川。流域面積は世界最大。

(2) 小麦の栽培や肉牛の放牧がさかんである。

(3) 高山気候の特徴が見られる都市。

2

(1) 石づくりの神殿など，高度な建築技術を持ち，道路も整備されていた。

(2) ブラジルはポルトガルの植民地であったことから，公用語はポルトガル語。

3

(1) ①はベネズエラ，②はチリである。特定の産物の生産・輸出に依存する経済である。

(2) 近年は，大豆やさとうきびの生産も増えている。

STEP
3

得点アップ問題

テスト
3日前
から確認!

別冊解答 P.13

得点

／100点

1 右の地図を見て，次の問いに答えなさい。(5点×7)

(1) 地図中の**A**の川の説明として，誤っているものを次の**ア～エ**から1つ選び，記号で答えなさい。

　ア　南アメリカ大陸で最長の川である。

　イ　流域面積が世界最大である。

　ウ　流域では伝統的な焼畑農業が行われている。

　エ　流域はタイガとよばれる森林になっている。

(2) 地図中の**B**の川の流域の平原を何というか。また，ここでさかんに栽培されている農作物を，次の**ア～エ**から1つ選び，記号で答えなさい。

　ア　米　　**イ**　小麦　　**ウ**　茶　　**エ**　カカオ

(3) 地図中の①～③の都市の気温と降水量のグラフを，右の**ア～ウ**から1つずつ選び，記号で答えなさい。

(4) 東京の対蹠点（地球の正反対側の地点）を，地図中の**ア～エ**から1つ選び，記号で答えなさい。

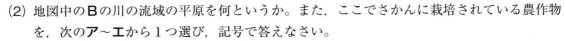

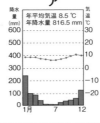
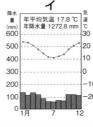
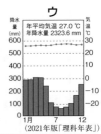

（2021年版「理科年表」）

(1)		(2)	平原						農作物	
(3)	①		②		③			(4)		

2 次の文を読んで，あとの問いに答えなさい。(4点×5)

　　南アメリカ大陸のペルー付近で栄えていた_aインカ帝国は，16世紀に　①　人によってほろぼされた。南アメリカの国々の_b人口構成は複雑であるが，独自の文化を持っている。面積が最大の_cブラジルは，　②　語を公用語としている。

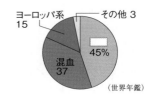

ヨーロッパ系
15

その他 3

混血
37

45%

（世界年鑑）

(1) 文中の①・②にあてはまる国名を答えなさい。

(2) 世界遺産に登録されている，下線部**a**の遺跡を何といいますか。

(3) 下線部**b**について，右上のグラフはペルーの人口構成を示している。グラフ中の□□にあてはまる語句を答えなさい。

(4) 下線部**c**について，誤っているものを次の**ア～エ**から1つ選び，記号で答えなさい。

　ア　現在は日系人の数が減少している。　　**イ**　人口は1億人以上である。

　ウ　毎年2月から3月にカーニバルが盛り上がる。　　**エ**　BRICSの1つである。

(1)	①		②		
(2)		(3)		(4)	

3 右の地図を見て，次の問いに答えなさい。(4点×5)

(1) 右下の**グラフⅠ**は，ある農作物の国別生産割合で，グラフ中の**A・B**は地図中の**A・B**の国である。この農作物は何か，答えなさい。

(2) 地図中の**A**の国で発達している工業を，次の**ア～オ**から2つ選び，記号で答えなさい。

　　ア 電子工業　　**イ** 医薬品工業　　**ウ** 自動車工業
　　エ 繊維工業　　**オ** 航空機工業

(3) **グラフⅡ**は，おもな国の輸出品を示している。①・②があてはまる国を，地図中の**ア～オ**から1つずつ選び，記号で答えなさい。

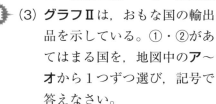
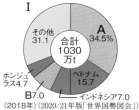
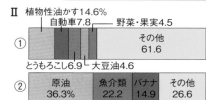

Ⅰ
その他 31.1
合計 1030万t
A 34.5%
ベトナム 15.7
B 7.0
ホンジュラス 4.7
インドネシア 7.0
(2018年)(2020/21年版「世界国勢図会」)

Ⅱ
植物性油かす14.6%
自動車7.8
野菜・果実4.5
① その他 61.6
とうもろこし6.9
大豆油4.6
② 原油 36.3%　魚介類 22.2　バナナ 14.9　その他 26.6
(2018年)(2020/21年版「世界国勢図会」)

(1)		(2)		(3) ①		②	

4 右の地図は，森林減少率が大きい国の森林減少量を示している。これを見て，次の問いに答えなさい。((3)②7点，他6点×3)

(1) 地図から読みとれることがらとして，正しいものを次の**ア～エ**から1つ選び，記号で答えなさい。

　　ア 森林が減少している国は先進国に多い。
　　イ ブラジルの減少量はジンバブエの約6倍である。
　　ウ 東南アジアでは，ほとんど減少していない。
　　エ 南アメリカで減少しているのはブラジルだけである。

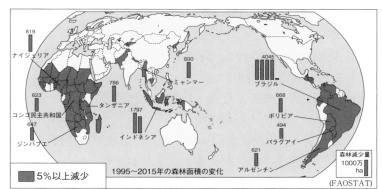

819 ナイジェリア
800 ミャンマー
4045 ブラジル
786 タンザニア
623 コンゴ民主共和国
1797 インドネシア
668 ボリビア
647 ジンバブエ
494 パラグアイ
621 アルゼンチン
■ 5%以上減少
1995～2015年の森林面積の変化
森林減少量 1000万 ha
(FAOSTAT)

(2) 次の文中の □ にあてはまる語句を答えなさい。

「地球温暖化は，□ の排出量の増加が原因とされており，森林の減少で地球温暖化が進行することが懸念されている。」

(3) 地球温暖化を防止する対策として，さとうきび・とうもろこしなどを原料とする新しい燃料が注目されている。次の①，②の問いに答えなさい。

　① この燃料を何というか。

　② この燃料の開発を推進することは，持続可能な開発の視点から，どのような問題点が起こると考えられますか。簡単に答えなさい。

(1)		(2)		(3) ①	
②					

6 オセアニア州

STEP 1 要点チェック

テスト
1週間前
から確認!

1 オセアニア州の自然と社会

① 地形…**オーストラリア大陸**。**さんご礁**と**火山島**。

● ニュージーランドと太平洋の島々…**ミクロネシア・メラネシア・ポリネシア**に区分。

② 気候…オーストラリアの大部分は**乾燥帯**,ニュージーランドは**温帯の西岸海洋性気候**。太平洋の島々は**熱帯**。

③ 歴史…先住民→オーストラリアは**アボリジニ**,ニュージーランドは**マオリ**。かつて**イギリスの植民地**。
└オーストラリアやニュージーランドの国旗にイギリスのユニオンジャック─┘

● 多文化社会…オーストラリアでは,かつて**白豪主義**の政策→1970年代に廃止,さまざまな文化を尊重し合う社会を目指している。
└ヨーロッパ系以外の移民を制限─┘

▼オセアニアの範囲と地形

2 オセアニア州の産業と結びつき

① 農業…オーストラリアでは,南西部で**牧羊**,北東部で**牧牛**がさかん。**羊毛**の生産量は世界有数。**小麦**の生産量も多く,日本も輸入。 **よくでる**

② 資源・工業…東部に**石炭**,北西部に**鉄鉱石**が分布。**露天掘り**による採掘→鉄道で港へ運び,日本などへ輸出。 **おぼえる!**
└地表を削って掘り下げることで効率が良い─┘

③ ニュージーランド…火山・温泉が多い。**牧羊**と**酪農**がさかん。

④ 世界との結びつき…オーストラリアが主導して1989年に**APEC**〔アジア太平洋経済協力会議〕を結成し,アジア諸国との結びつきを強化している。

▼オーストラリアの貿易相手国の変化

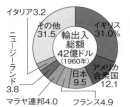
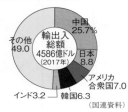

(国連資料)

テストの**要点**を書いて確認　空欄にあてはまる言葉を書こう

別冊解答 P.13

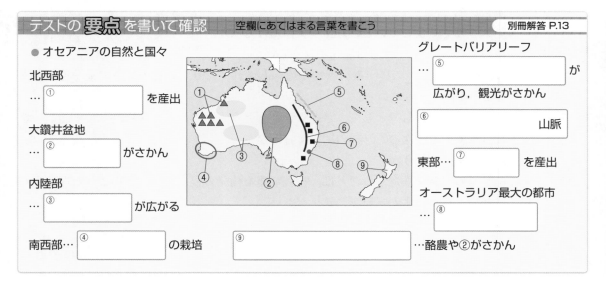

● オセアニアの自然と国々

北西部
…①[　　　　　]を産出

大鑽井盆地
…②[　　　　　]がさかん

内陸部
…③[　　　　　]が広がる

南西部…④[　　　　　]の栽培

グレートバリアリーフ
…⑤[　　　　　]が広がり,観光がさかん

⑥[　　　　　]山脈

東部…⑦[　　　　　]を産出

オーストラリア最大の都市
…⑧[　　　　　]

⑨[　　　　　]…酪農や②がさかん

STEP 2 基本問題

1 右の地図を見て，次の問いに答えなさい。(8点×5)

(1) 地図中の①・②の山脈・盆地名を答えなさい。

① [　　　　　　山脈]

② [　　　　　　盆地]

(2) 地図中の**A**は，オセアニアのどの地域区分ですか。

[　　　　　　　　　]

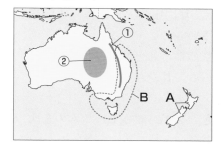

(3) 次の①・②の地域は，それぞれ何という気候帯に属していますか。

① 地図中の**A**国や，オーストラリアの**B**の地域。[　　　　　　]

② オーストラリア内陸の大部分をしめる地域。[　　　　　　]

2 次の問いに答えなさい。(5点×4)

(1) オーストラリアの国旗の一部には，ある国の国旗の一部が入っている。この国はどこですか。[　　　　　　]

(2) 次の文中の①・②にあてはまる語句を答えなさい。

「オーストラリアでは先住民の ① ，ニュージーランドでは先住民の ② の文化を尊重する政策がとられている。」

① [　　　　　] ② [　　　　　]

(3) オーストラリアで人口が最も集中している地域を，次の**ア**〜**エ**から1つ選び，記号で答えなさい。

ア 北部　**イ** 内陸部　**ウ** 西部　**エ** 南東部 [　　　　]

3 右の地図を見て，次の問いに答えなさい。(8点×5)

(1) 次の①〜③にあてはまる地域を，地図中の**ア**〜**ウ**から1つずつ選び，記号で答えなさい。

① 小麦の栽培がさかんである。

② 羊の放牧がさかんである。

③ 牛の放牧がさかんである。

① [　　　] ② [　　　]

③ [　　　]

(2) 地図中の**A**・**B**で多く産出する鉱産資源を，次の**ア**〜**オ**から1つずつ選び，記号で答えなさい。

A [　　　] **B** [　　　]

ア 石炭　**イ** 石油　**ウ** 銅　**エ** ウラン　**オ** 鉄鉱石

1

(1) ②数多くの掘り抜き井戸が見られる盆地。

(2) **A**はニュージーランド。

(3) オーストラリアは南半球に位置するので，北に行くほど赤道に近くなる。したがって，北部は熱帯の気候である。

2

(1) オーストラリアの国旗は，ユニオンジャックと南十字星がえがかれている。

(2) ②ラグビーの代表選手がおどる「ハカ」は，この先住民の文化である。

(3) シドニー・メルボルンなどの大都市のほか，首都キャンベラもある。

3

(1) 降水量250〜500mmの地域では主に牧羊が行われる。500〜1000mmの地域では主に牧牛が行われる。温帯で降水量500mm前後の地域では小麦が栽培される。

(2) いずれも日本へ大量に輸出されている。

得点アップ問題

1 右の地図を見て，次の問いに答えなさい。(3点×7)

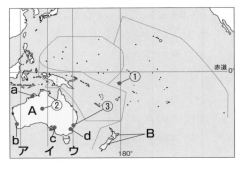

(1) 東経135度の経線を，地図中の**ア〜ウ**から1つ選び，記号で答えなさい。

(2) 地図中の**A**国の首都の都市名を答えなさい。また，その位置を地図中の**a〜d**から1つ選び，記号で答えなさい。

(3) 地図中の**B**国の特色として，誤っているものを次の**ア〜エ**から1つ選び，記号で答えなさい。

   ア 熱帯雨林気候である。

   イ 火山や温泉が多い。

   ウ 先住民はマオリという。

   エ 人口より羊の飼育数が多い。

(4) 地図中の①〜③の都市の気温と降水量のグラフを，右の**ア〜エ**から1つずつ選び，記号で答えなさい。

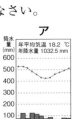

ア	イ	ウ	エ
年平均気温 18.2 ℃ 年降水量 1032.5 mm	年平均気温 15.4 ℃ 年降水量 1528.8 mm	年平均気温 28.3 ℃ 年降水量 3576.7 mm	年平均気温 21.3 ℃ 年降水量 277.4 mm

(2021年版「理科年表」)

(1)		(2)	都市名			位置	
(3)		(4)	①		②		③

2 次の文を読んで，あとの問いに答えなさい。(5点×5)

    a<u>オーストラリア</u>とニュージーランドは，どちらも ① から独立し，ヨーロッパ系の住民が大部分をしめている。オーストラリアは，かつては ② 主義をとり，b<u>アジア</u>などからの移民を制限していたが，現在はc<u>多文化社会</u>を築こうとしている。

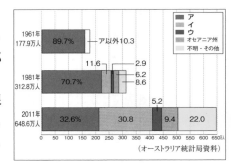

(オーストラリア統計局資料)

(1) 文中の①・②にあてはまる国名や語句を答えなさい。

(2) 下線部**a**の中心となる先住民を何といいますか。

(3) 下線部**b**について，右のグラフは，オーストラリアへの地域別移民の移り変わりを示している。グラフ中の**ア〜ウ**は，アジア州，ヨーロッパ州，アフリカ州のいずれかである。アジア州にあてはまるものを1つ選び，記号で答えなさい。

(4) 下線部**c**は，どのような社会か，簡単に説明しなさい。

(1)	①		②		(2)	
(3)		(4)				

3 次の地図Ⅰ・Ⅱを見て，あとの問いに答えなさい。(5点×6)

(1) 次の文は，**地図Ⅰ・Ⅱ**からわかることについて述べている。文中の①〜④から正しいものを１つずつ選んで答えなさい。

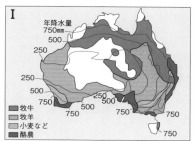

「農業では，降水量が500mm以上の地域では①〔牛　羊〕の放牧，それより少ない地域では②〔牛　羊〕の放牧が中心である。500mm前後の地域では③〔小麦　さとうきび〕が栽培されている。人口は，降水量が比較的④〔多い　少ない〕地域に集中している。」

 (2) 右のグラフは，オーストラリアから日本への輸出品を示している。グラフ中の石炭の積出港として最も正しいものを，**地図Ⅱ**中の**ア〜エ**から１つ選び，記号で答えなさい。

液化天然ガス 35.4%	石炭30.0	鉄鉱石 12.4	その他 17.7

肉類4.5

(2019年)(2020/21年版「日本国勢図会」)

 (3) オーストラリアの鉱山では，露天掘りの方法で採掘が進められている。この方法には，どのような利点があるか，簡単に答えなさい。

(1)	①		②		③		④	
(2)		(3)						

 4 右のグラフⅠ・Ⅱを見て，次の問いに答えなさい。(4点×6)

(1) **グラフⅠ**中の**A・B**にあてはまる国名を答えなさい。

(2) **グラフⅠ**中の**A**の国とオーストラリアとの関係について，正しいものを次の**ア〜エ**から２つ選び，記号で答えなさい。

　ア　同じ州に属している。

　イ　**A**国の企業が鉱産資源の開発を直接進めて，重要な役割を担っている。

　ウ　オーストラリアでは，**A**国の言語を学ぶ機会はほとんどない。

　エ　オーストラリアが主導して結成されたAPECという組織に**A**国も加盟している。

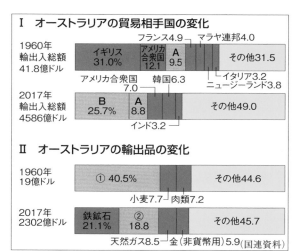

(3) **グラフⅡ**中の①・②にあてはまる品目を，次の**ア〜オ**から１つずつ選び，記号で答えなさい。

　ア　米　**イ**　コーヒー豆　**ウ**　羊毛　**エ**　茶　**オ**　石炭

(1)	A			B		
(2)			(3)	①		②

定期テスト予想問題

別冊解答 P.14

目標時間 **45**分

得点 ／100点

入試に出る！ ❶ 次の問いに答えなさい。〈山口県・改〉(6点×5)

(1) 中国について，**図Ⅰ**と**図Ⅱ**を見て，次の①，②に答えなさい。

① **図Ⅱ**は，ある鉱産資源の産出量に占めるおもな国の割合を示している。この鉱産資源は何か。次の**ア**～**エ**から1つ選び，記号で答えなさい。

ア 石油　　**イ** 石炭
ウ 鉄鉱石　**エ** ボーキサイト

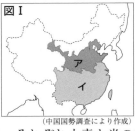
図Ⅰ
（中国国勢調査により作成）

図Ⅱ
その他 16.2
アメリカ合衆国5.0
オーストラリア6.4
インドネシア7.2
インド10.5
2017年 64.5億t
中国 54.7%
(2020/21年版「世界国勢図会」)

よくでる **文章記述** ② **図Ⅰ**中に**ア**，**イ**で示した地域では，それぞれ小麦か米のいずれかの栽培がさかんである。小麦の栽培がさかんな地域は，**ア**，**イ**のどちらか。記号で答えなさい。また，その地域の方が小麦の栽培がさかんな理由を，自然条件に着目して簡単に答えなさい。

(2) アメリカ合衆国について，**図Ⅲ**と**表Ⅰ**を見て，次の①，②に答えなさい。

① **図Ⅲ**中の**a**～**d**は，寒帯，冷帯（亜寒帯），温帯，乾燥帯のいずれかである。このうち，乾燥帯にあたるものを，**a**～**d**から1つ選び，記号で答えなさい。

図Ⅲ アメリカ合衆国の気候区分
▨a ⊞b ▤c ▦d ■熱帯

よくでる **文章記述** ② アメリカ合衆国は，世界有数の農業国である。**表Ⅰ**を参考にして，この国の農業の特色について，簡単に答えなさい。

表Ⅰ アメリカ合衆国と日本の農業経営

	アメリカ	日本
農民一人あたりの農地面積（2014年）	182.3ha	2.3ha
農民一人あたりの機械保有台数	2.26台（2007年）	1.51台（2010年）
農民一人あたりの穀物収穫量（2014年）	198.0t	5.8t

(FAOSTATほかより作成)

(1)	①		②	記号	
②	理由				
(2)	①		②		

❷ 次の文を読んで，あとの問いに答えなさい。(6点×3)

太平洋を取りまく地域には，アジアや日本，a**インドネシア**，b**サンフランシスコ**やロサンゼルスのあるアメリカ合衆国西海岸，オセアニアのc**オーストラリア**などがある。

(1) 下線部**a**で，植民地時代に開かれた輸出用作物を栽培する大農園を何というか，答えなさい。

よくでる (2) 下線部**b**の近郊にある，ICT関連企業が集中している地域を何というか，答えなさい。

(3) 下線部**c**にあてはまらないものを，次の**ア**～**エ**から1つ選び，記号で答えなさい。

ア ウルル（エアーズロック）がある。　　　**イ** ASEANに加盟している。
ウ 白豪主義から多文化社会へと変化した。　**エ** 内陸部にはさばくが広がっている。

(1)		(2)		(3)	

❸ 右の地図を見て，次の問いに答えなさい。〈福島県〉(4点×5)

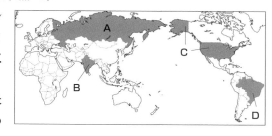

難 (1) 右下のグラフは，地図中の**A**〜**D**国のエネルギーの生産量と消費量を表している。**A**国と**C**国にあてはまるものを，グラフ中の**ア**〜**エ**から1つずつ選び，記号で答えなさい。

(2) 下の表は，**A**〜**D**国のとうもろこし，小麦，米の生産量を表している。**B**国にあてはまるものを**ア**〜**エ**から1つ選び，記号で答えなさい。

表 A〜D国のとうもろこし，小麦，米の生産量

	とうもろこし (万t)	小麦 (万t)	米 (万t)
ア	39,245	5,129	1,017
イ	8,229	542	1,175
ウ	2,782	9,970	17,258
エ	1,142	7,214	104

(2018年)(2020/21年版「世界国勢図会」)

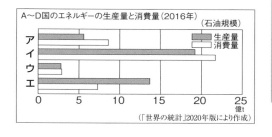

A〜D国のエネルギーの生産量と消費量(2016年)
(石油規模)
生産量
消費量
(「世界の統計」2020年版により作成)

(3) 次の文は，**B**国の宗教について述べたものである。 **X** にあてはまる語句を答えなさい。
「**B**国の多くの地域では，おもに **X** 教が信仰されている。**B**国の宗教別人口は **X** 教が最も多く，次いでイスラム教，その他となっている。」

よくでる (4) **D**国に関する次の文について，文中の **Y** に入る語句を答えなさい。
「**D**国でおもに使われている言語は，ヨーロッパの言語の1つである **Y** 語である。」

(1)	A	C	(2)	(3)	(4)

❹ 右の地図を見て，次の問いに答えなさい。(8点×4)

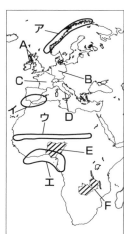

(1) 地図中の**B**〜**D**国など27か国が加盟し，政治・経済の統合をめざしている国際組織を何というか，略称をアルファベットで答えなさい。(2021年現在)

よくでる (2) 地図中の**A**〜**D**国の説明として，誤っているものを次の**ア**〜**エ**から1つ選び，記号で答えなさい。
ア A国は2020年に(1)の国際組織から離脱した。
イ B国は，風力発電の導入が進んでいる。
ウ C国の言語は，ゲルマン系言語である。
エ D国の首都の市内には，バチカン市国がある。

よくでる (3) チョコレートやココアの原料となる農作物の栽培がさかんな地域を，地図中の**ア**〜**エ**から1つ選び，記号で答えなさい。

文章記述 (4) 右のグラフは，地図中の**E・F**の国の輸出品を表している。**E・F**の国に共通して見られる経済の問題点を簡単に答えなさい。

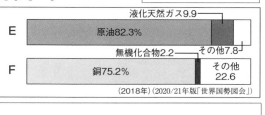

液化天然ガス9.9
E 原油82.3% その他7.8
無機化合物2.2
F 銅75.2% その他22.6
(2018年)(2020/21年版「世界国勢図会」)

(1)		(2)	
(3)		(4)	

1 地図のきまり・地域調査

STEP 1 要点チェック

テスト1週間前から確認!

1 地図のしくみときまり

① **地形図**…国土地理院が発行。2万5千分の1，5万分の1地形図。

② **方位**…特別な指示がない場合，地図の上が北。8方位，16方位。

③ **縮尺**…実際の距離を地図上に縮小する割合。

④ **等高線**…海面から同じ高さの地点を結んだ線。

⑤ **地図記号**…土地利用，建物・施設，道路・鉄道，境界など。

▼8方位

▼実際の距離の求め方

実際の距離 ＝ 地形図上の長さ × 縮尺の分母

（例）5万分の1地形図上の1cm ➡ 1(cm)×50000＝50000(cm)＝500(m)

0　　500m
1cm

地形図上の長さ ＝ 実際の距離 ÷ 縮尺の分母

（例）実際の距離が1kmの場合，2万5千分の1地形図上では，

1(km)＝1000(m)＝100000(cm)　100000(cm)÷25000＝4(cm)で表される。

式を変形して，地図上の長さを計算するなど工夫をしよう。

▼等高線と縮尺

縮尺	1：25000	1：50000
主曲線（細い線）	10mおき	20mおき
計曲線（太い線）	50mおき	100mおき
補助曲線 — — —	5mか2.5mごと	10mごと
……………		5mごと

▼等高線と土地の傾斜

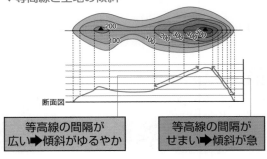

断面図

等高線の間隔が広い➡傾斜がゆるやか

等高線の間隔がせまい➡傾斜が急

資料

縮尺の大小による地図のようすのちがい

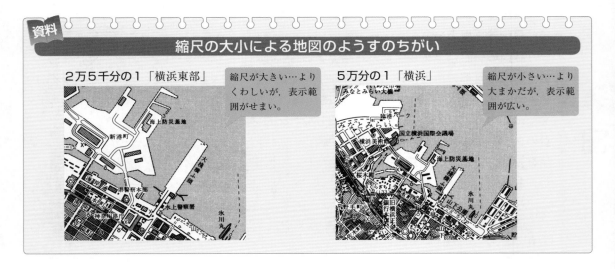

2万5千分の1「横浜東部」

縮尺が大きい…よりくわしいが，表示範囲がせまい。

5万分の1「横浜」

縮尺が小さい…より大まかだが，表示範囲が広い。

資料 おもな地図記号…わかりやすい記号で建物・施設や土地利用を表す

建物・施設の地図記号				土地利用の地図記号	
◎ 市役所（東京都の区役所）	☼ 工場	⊖ 郵便局	⌁ 風車	田	広葉樹林
○ 町・村役場（指定都市の区役所）	⚙ 発電所・変電所	⊓ 神社	⌐⌐ 城跡	畑	針葉樹林
𝅘 官公署	✖ 小・中学校	卍 寺院	∴ 史跡・名勝・天然記念物	果樹園	桑畑
⊗ 警察署	⊗ 高等学校	🏛 博物館（美術館や歴史館も表す）	自然災害伝承碑	茶畑	荒地
Y 消防署	⊞ 病院	図書館	△ 三角点		
⚐ 裁判所	⊕ 保健所	老人ホーム	□ 水準点		

鉄道・境界の地図記号	
単線 駅 複数以上（JR線） 普通鉄道	―◇―◇―◇― 都府県界
	―·―◇―·―◇― 市区町村界

2019年に新しくつくられた地図記号。過去に起きた自然災害の情報を伝える石碑を表している。

※2万5千分の1地形図には，平成14年図式と平成25年図式があります。地形図の発行年によって，表示されていない地図記号あります。

2 さまざまな地図の活用

① **新旧の地形図の比較**…同じ地域の過去に発行された地形図を入手して，年代による地域の変化を読み取ることができる。

▼1956年の横浜

工場が増えた

高速道路ができた

土地が増えた

▼2000年の横浜

（国土地理院発行 5万分の1地形図「横浜」）

② **デジタル地図の活用**…インターネットで「国土地理院」を検索して「地理院地図（電子国土web）」というウェブサイトで，電子地形図や航空写真（空中写真）を閲覧できる。

▼電子地形図

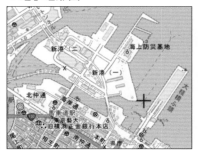

タブレット型端末など，情報端末の画面で見ることができる。

▼航空写真（空中写真）

地図の画面を切り替えて，航空写真や防災情報を閲覧できる。

（国土地理院 地理院地図 横浜，2021年1月閲覧）

3 身近な地域の調査

① **調査の手順**…情報の収集・整理，気づきや疑問点を
出し合う→**調査テーマの決定，仮説を立てる**→調査
計画の立案と調査→考察，まとめ→調査結果の発表。

● **仮説**…テーマに対して「～だから～だろう」という
根拠を入れた予想を立てる。おぼえる！

② **いろいろな調査**

● **野外調査〔野外観察〕**…校外に出かけてフィールド
ワークを行う。調査する道順を地図に書き入れた
ルートマップを作成。調べたことを記録するために，
筆記用具，記録用ノート，タブレット端末，カメラ
なども用意する。よくでる

● **聞き取り調査**…地域のようすにくわしい，市役所や
農家の人などを訪ねて話を聞く。訪ねる前に相手の
都合を聞いておき，質問事項をまとめておく。

● **文献調査**…図書館などで本や統計資料を調べる。地
域の人口変化→市の統計書，商業や工業の生産額→商工会議所の資料など。各省庁や都道府
県のウェブサイトで公開している最新のデータなども入手する。
└参照したウェブページの URL と閲覧した日付は必ず記入する

③ **資料の整理・分析・考察**…調査で集めた資料をグラフなどに加工して，比較や分析をして，
地域の特徴をとらえる→仮説の検証を行う。

④ **調査結果の発表**…レポートの提出，壁新聞による構内掲示，プレゼンテーションソフトを使っ
た口頭発表会など。発表会のときは，意見交換会を行う。

▼グラフの種類

● **折れ線グラフ**…数値の変化を表す

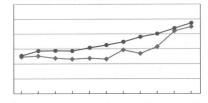

● **円グラフ**
…割合を表す

● **棒グラフ**…数値
の変化を表す

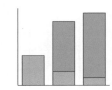

● **帯グラフ**…割合を表す

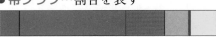

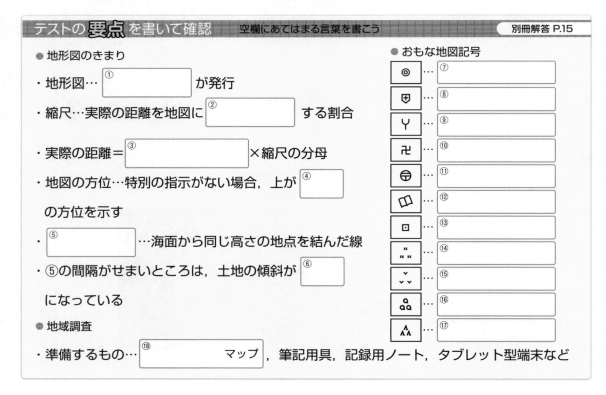

テストの**要点**を書いて確認　　空欄にあてはまる言葉を書こう　　別冊解答 P.15

● 地形図のきまり

・地形図…① 〔　　　　　　　　　〕が発行

・縮尺…実際の距離を地図に② 〔　　　　　　　　〕する割合

・実際の距離＝③ 〔　　　　　　　　　〕×縮尺の分母

・地図の方位…特別の指示がない場合，上が④ 〔　　　　〕
の方位を示す

・⑤ 〔　　　　　　　〕…海面から同じ高さの地点を結んだ線

・⑤の間隔がせまいところは，土地の傾斜が⑥ 〔　　　〕
になっている

● 地域調査

・準備するもの…⑱ 〔　　　　　　〕マップ，筆記用具，記録用ノート，タブレット型端末など

● おもな地図記号

◎	…⑦
⊕	…⑧
Υ	…⑨
卍	…⑩
⊖	…⑪
🕮	…⑫
ロ	…⑬
".."	…⑭
˅ ˅	…⑮
ₒₒ	…⑯
⋀⋀	…⑰

1 右の地図を見て，次の問いに答えなさい。(6点×11，(8)は10点×1)

(1) 地図の縮尺を答えなさい。
　　　[　　　　　分の1]

(2) AとCの間は地図上で3cmある。
実際の距離は何mですか。
　　　[　　　　　　m]

(3) A～Eの地図記号が表している
ものを，それぞれ答えなさい。

A[　　　　　] 　B[　　　　　] 　　C[　　　　　]
D[　　　　　] 　E[　　　　　]

(4) Xの山の斜面には何が広がっていますか。 　[　　　　　]

(5) Xの山頂から見て，Bはどの方位にあるか。8方位で答えなさい。
　　　[　　　　　]

(6) Aの南に広がる農地でつくられているものを，次のア～エから1つ
選び，記号で答えなさい。 　[　　　　　]

　　ア 果実　　　イ 茶　　　ウ 米　　　エ 野菜

(7) Xの山頂に通じるアとイの道のうち，傾斜がゆるやかなのはどちら
ですか。 　[　　　　　]

(8) Fの標高差は何mですか。 　[　　　　m]

1 : 50000

2 次の文中の（ ① ）～（ ⑥ ）にあてはまる適切な語句や数字を答えな
さい。(4点×6)

　（ ① ）は，2万5千分の1地形図や5万分の1地形図などの地
図をつくっている。そのため，目的に合わせて，適した地図を選ぶ
ことが必要である。例えば，都道府県単位で地域を大まかに調べた
いときは，20万分の1地勢図など，縮尺のより（ ② ）い地図を使う。
また，市町村単位で地域をくわしく見たいときは，5万分の1地形
図など，縮尺のより（ ③ ）い地図を選ぶ。
　地域の変化を調べるには，同一地域を表した（ ④ ）の地図を見
比べることが有効である。その際，建物や道路，土地利用などの
（ ⑤ ）が変わっているところはないか，海岸部や山の斜面などの
土地の（ ⑥ ）に変化はないかなどの観点に注意するとよい。

①[　　　　　] ②[　　　　　] ③[　　　　　] ④[　　　　　]
⑤[　　　　　] ⑥[　　　　　]

1

(1) 地図の右下に表示され
ている。
(2) 実際の距離＝地図上の
長さ×縮尺の分母を計算す
る。
(5) 特別な指示がないの
で，地図の上が北の方位で
ある。
(7) 等高線の間隔に着目す
る。
(8) 等高線が標高何mおき
に引かれているかに注意す
る。

2

②・③　縮尺は，20万分
の1地勢図よりも5万分の
1地形図の方が大きい。
⑤・⑥　埋め立てや干拓に
よって海岸線が変わってい
たり，山地や丘陵地が切り
開かれて，住宅地に変わっ
ていたり，といった変化が
ないか，注意する。

別冊解答 P.16

得点

／100点

1 5万分の1地形図のきまりにしたがってつくった右の地図を見て，次の問いに答えなさい。(6点×7)

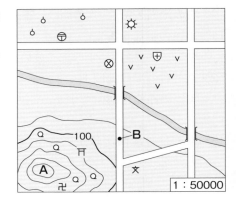

1：50000

(1) A山の山頂から見て，B地点はどの方位にありますか。8方位で答えなさい。

(2) A山の山頂とB地点の関係について正しいものを，次の**ア**〜**エ**から1つ選び，記号で答えなさい。

ア A山の山頂がB地点より約50m高い。

イ A山の山頂がB地点より約100m高い。

ウ B地点がA山の山頂より約50m高い。

エ B地点がA山の山頂より約100m高い。

(3) A山の標高120mにある建物・施設を，次の**ア**〜**エ**から1つ選び，記号で答えなさい。

ア 城跡　**イ** 神社　**ウ** 寺院　**エ** 発電所

(4) 次の文は，地図中のB地点から歩いたときのようすである。文中の①〜③にあてはまる語句を，あとの**ア**〜**カ**から1つずつ選び，記号で答えなさい。

「B地点から北に向かって歩き，橋を渡ると左側に ① があった。その先の角を東のほうに曲がると右側に ② があり，そのまわりには ③ が広がっている。」

ア 警察署　**イ** 果樹園　**ウ** 水田　**エ** 病院　**オ** 郵便局　**カ** 畑

(5) (4)の道順を右上の地図に書きこんだ地図を何といいますか。

(1)		(2)		(3)	
(4)	①		②		③		(5)	

2 右の地形図（2万5千分の1「石和(いさわ)」）を見て，次の問いに答えなさい。(7点×4)

(国土地理院発行2万5千分の1「石和」)

(1) 地形図中の**ア**〜**エ**のうち，最も傾斜が急なものを1つ選び，記号で答えなさい。

(2) 地形図中に広く見られる農地は何ですか。

(3) 地形図中の標高460m付近にある文化施設は何ですか。

(4) 地形図中には，「京戸川」が山地から平地に出るところにつくった傾斜地が見られる。このような地形を何といいますか。

(1)		(2)		(3)		(4)	

3 右の地形図（2万5千分の1「松本」）を見て，次の問いに答えなさい。(6点×3)

難 (1) 地形図上では，「まつもと」駅から市役所までいくつかのルートが考えられる。実際の距離が2kmであるルートは，地形図上では何cmで表されますか。

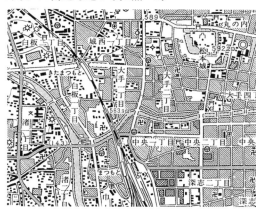

(2) この地形図についての説明としてまちがっているものを，次の**ア～オ**から2つ選び，記号で答えなさい。

ア この都市は，かつて城下町であったと考えられる。

イ 地形図に示された地域の大部分は，標高が300m以下である。

ウ 地形図に示された範囲内では，神社よりも寺院の数の方が多い。

エ 市街地の中を，川がほぼ東西と南北に流れている。

オ 地形図中の鉄道は，JR線の路線が1本だけ見られる。

(1)		cm	(2)		

4 同じ地域を表した新旧2枚の地形図を見て，問いに答えなさい。(6点×2)

1956年

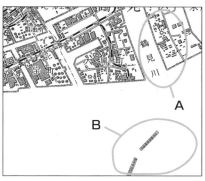

2000年

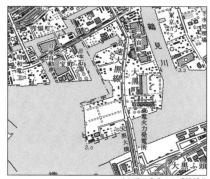

（2万5千分の1「横浜」）

(1) 1956年の地形図中の**A**の地域は2000年にかけてどのように変化したか。正しく述べたものを，次の**ア～エ**から1つ選び，記号で答えなさい。

ア 鉄道と高速道路が整備された。　**イ** 新たに工場が建てられた。

ウ 川がなくなった。　**エ** 標高が高くなった。

文章記述 (2) 1956年の地形図中の**B**の水域は，2000年にはどのように変化しているか。「埋め立て」の語句を使って，簡単に答えなさい。

(1)		(2)	

55

定期テスト予想問題

別冊解答 P.16

目標時間	得点
45分	／100点

1 右の地図は，2万5千分の1地形図のきまりに基づいてかいたものである。これを見て，次の問いに答えなさい。(9点×2)

(1) 次の文は，つよし君が，地図中の**A**地点から**B**地点まで歩いたときのことを書いたものである。つよし君が到着した**B**地点は，地図中の**ア〜キ**のどこか。1つ選び，記号で答えなさい。

「**A**地点から北西に向かって歩いた。道路の周辺の耕地では野菜が栽培されている。500mぐらい歩くと病院が正面に見えた。病院が面している道路を東にまっすぐ進み，右側にある寺院を過ぎると**B**地点に到着した。」

(2) 地図中の**X**−**Y**の線で切ったときのおよその断面図にあてはまるものを，次の**ア〜エ**から1つ選び，記号で答えなさい。

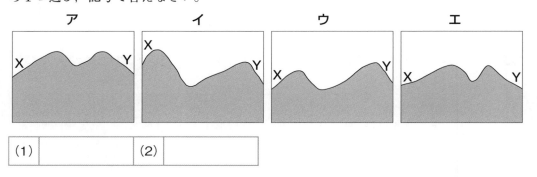

(1)		(2)	

2 右の図は，2万5千分の1地形図である。この図から読みとることのできることがらで下線部が正しいものはどれか。次のア〜エから1つ選び，記号で答えなさい。(9点)

ア 「野田山墓地」の北側の斜面には，くわ畑が広がっている。

イ 「野田町」の神社と長坂三丁目の小・中学校の間の直線距離は1kmなので，地形図上では6cmで表されている。

ウ 「長坂台」の東側には発電所（変電所）が立地している。

エ 「長坂町」の病院から見て，「平和町一丁目」の高等学校は北西に位置している。

（2万5千分の1「金沢」）

❸ 右の5万分の1地形図を見て，次の問いに答えなさい。(9点×7)

（5万分の1「山形」）

（1）「柏倉」の郵便局と「富神山（とがみ）」の頂上とのおよその標高差を次の**ア**〜**エ**から１つ選び，記号で答えなさい。

ア　約120m　　　イ　約190m

ウ　約260m　　　エ　約340m

（2）地図中の**A**地点の標高を次の**ア**〜**エ**から１つ選び，記号で答えなさい。

ア　350m　　　イ　300m

ウ　250m　　　エ　200m

（3）**B**の地図記号は何を表していますか。

（4）「百目鬼（どめき）」の集落から**B**まで，地図上の直線距離をはかると約２cmあった。実際の距離はどれくらいになるか。次の**ア**〜**エ**から１つ選び，記号で答えなさい。

ア　500m　　　イ　750m　　　ウ　1000m　　　エ　2000m

（5）「百目鬼」の集落の周辺の耕地はおもに何に利用されているか。語句を答えなさい。

（6）「本沢川」は，およそどの方位からどの方位に流れているか。次の**ア**〜**エ**から１つ選び，記号で答えなさい。

ア　南東から北西　　　イ　南西から北東　　　ウ　北東から南西　　　エ　北西から南東

（7）この５万分の１地形図と，同じ地域を表した２万５千分の１地形図とを見比べてみた場合，地域のようすがより細かく示されているのはどちらの縮尺の地形図ですか。

(1)		(2)		(3)				(4)	
(5)				(6)		(7)			

文章記述 **❹** 右の地形図中の■■■は，地点A，地点Bを結ぶ区間の道路を示している。地形図から読みとることができる，この区間の道路の特徴について述べた，次の文の（　）にあてはまる内容について，あとの語をすべて用いて答えなさい。(長崎県)(10点)

難

> 地点A，地点Bを直線の道路で結んだ場合と比べて，（　　　　　　　　　）。

語	等高線　　　傾斜

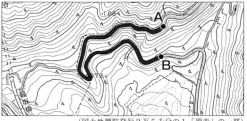

（国土地理院発行２万５千分の１「須走」の一部）

1 日本の自然環境

STEP 1 要点チェック

テスト 1週間前 から確認!

1 日本の地形

① 造山帯〔変動帯〕…地震や火山の活動が活発な地帯。
　環太平洋造山帯とアルプス・ヒマラヤ造山帯。 **よくでる**
　└日本列島, ロッキー山脈, アンデス山脈など

② 山地…日本アルプスの東にフォッサマグナ。
　└飛驒山脈, 木曽山脈, 赤石山脈┘

③ 川と平野…川が運んだ土砂で平野と盆地を形成。

● 日本の川の特色…短くて急流, 流域面積がせまい。

● 平野の地形…扇状地, 三角州, 台地など。

④ 海岸…岩石海岸, 砂浜海岸, 砂丘, リアス海岸。
　　　　　　　　　　　　　　└入り江と岬が入り組んだ海岸地形,
　　　　　　　　　　　　　　　三陸海岸南部, 志摩半島, 若狭湾┘

⑤ 日本近海

● 大陸棚…深さ200mくらいまでの平たんな海底地形。

● 海流…太平洋側に黒潮と親潮がぶつかる潮境〔潮目〕。
　　　　　　　└暖流, 日本海流┘　└寒流, 千島海流┘

▼2つの造山帯

2 日本の気候・自然災害

① 気候の特色…季節風〔モンスーン〕の影響で四季が明確。梅雨
　　　　　　　　　　└夏は南東の風, 冬は北西の風┘
　や台風で降水量が多い。

② 気候区分…北海道の気候, 日本海側の気候, 太平洋側の気候,
　　　　　　　　　　　　└冷帯〔亜寒帯〕┘
　中央高地〔内陸〕の気候, 瀬戸内の気候, 南西諸島の気候。 **おぼえる!**
　　　　　　　　　　　　　　└季節風の影響を受けず, 降水量が少ない┘

③ 自然災害と備え…地震や津波, 火山の噴火。洪水, 土砂くずれ, 高潮, 冷害, 雪害, 干害。

● ハザードマップ〔防災マップ〕…自然災害の被害を予測した地図。市区町村が作成。

● 公助・自助・共助…防災から減災への取り組みへ変化。
　　　　　└自分自身や家族は, 自分で守る┘　└被害を最小限におさえる┘

▼日本近海の海流

テストの **要点** を書いて確認　空欄にあてはまる言葉を書こう　別冊解答 P.17

● 日本の気候区分

　■冷帯〔亜寒帯〕
　① _____ の気候

　■冬に雪が多く降る
　② _____ の気候

　■冬は乾いた風が吹く
　　晴れの日が続く
　③ _____ の気候

冬の季節風
夏の季節風
② ③ ④ ⑤ ⑥

　■夏と冬の気温差が大きい
　④ _____ の気候

　■中国山地と四国山地で季節
　　風がさえぎられ, 年間降水
　　量が少ない
　⑤ _____ の気候

　■亜熱帯の気候
　⑥ _____ の気候

基本問題

テスト
5日前
から確認!

1 右の地図を見て，次の問いに答えなさい。(5点×7)

(1) 地図中の**A・B**の造山帯の名前をそれぞれ答えなさい。

A [　　　　　　　　]

B [　　　　　　　　]

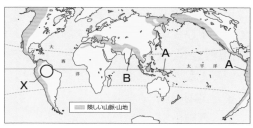

(2) 地図中の**A・B**の造山帯にふくまれる山脈を，次の**ア～エ**から２つずつ選び，記号で答えなさい。

ア ヒマラヤ山脈　　**イ** アンデス山脈　　**A** [　　][　　]

ウ アルプス山脈　　**エ** ロッキー山脈　　**B** [　　][　　]

(3) 地図中の**X**の地域を流れる，流域面積が世界最大の川の名前を答えなさい。 [　　　　　　　　]

2 右の地図を見て，次の問いに答えなさい。(5点×8)

(1) 地図中の**X**の地域にある次の①～③にあてはまる山脈名を答えなさい。

①北アルプス　[　　　　　　]

②中央アルプス　[　　　　　　]

③南アルプス　[　　　　　　]

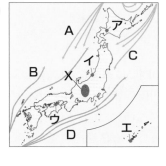

(2) 地図中の**A～D**の海流名を答えなさい。

A [　　　　　]　　B [　　　　　]

C [　　　　　]　　D [　　　　　]

(3) 亜熱帯の気候で，冬も温暖な都市を，地図中の**ア～エ**から１つ選び，記号で答えなさい。 [　　]

3 次の文中の(①)～(⑤)に入る適切な語句を答えなさい。(5点×5)

・本州の中央部を南北に走る(①)をさかいに，山地は東日本では南北に，西日本では東西にのびている。

・大きな(②)が海底で発生すると，沿岸部に(③)が押し寄せることがある。

・市区町村が作成した，災害予測地域を示した(④)などで，防災や被害を最小限に抑える(⑤)の取り組みが進んでいる。

① [　　　　　　] ② [　　　　　　] ③ [　　　　　]

④ [　　　　　　　　] ⑤ [　　　　　　　]

1
(3) 南アメリカ大陸北部を流れ，赤道付近で大西洋に注ぐ。南アメリカ州で学習した内容をふりかえろう。

第**4**章
1
日本の自然環境

2
(1) 3000m前後の山々が連なり，合わせて日本アルプスとよばれている山脈である。
(2) **A**と**C**は寒流，**B**と**D**が暖流である。
(3) 熱帯の気候に近い亜熱帯の気候は，南西諸島でみられる。

3
①みぞ状の地形。
③2011年の東日本大震災では，東日本の太平洋沿岸部でこの災害により大きな被害が出た。
④洪水や津波などで浸水が予想される区域や，避難所の場所などが示されている。

STEP
3

得点アップ問題

得点　　　／100点

1 右の地図を見て，次の問いに答えなさい。(5点×6)

(1) 地図中の**A**の3つの山脈には険しい山々が連なっている。これらの山脈を合わせて何とよびますか。

(2) 地図中の**A**の3つの山脈にあてはまらないものを，次の**ア〜エ**から1つ選び，記号で答えなさい。

　　ア 木曽山脈　　　**イ** 奥羽山脈
　　ウ 赤石山脈　　　**エ** 飛驒山脈

(3) 地図中の**B**の平野名を答えなさい。また，**B**の平野を流れる，流域面積が日本最大の川の名前を答えなさい。

(4) 日本の国土の特色について正しく述べているものを次の**ア〜エ**から2つ選び，記号で答えなさい。

　　ア 国土の約4分の1を山地・丘陵地がしめる。　　　**イ** 環太平洋造山帯の一部である。
　　ウ 山地は東日本では南北に，西日本では東西に走る。　**エ** 安定大陸の一部である。

(1)		(2)		(3)	平野
川		(4)			

2 右の図を見て，次の問いに答えなさい。(4点×4)

(1) **図I**の**A・B**は，川が土砂を運ぶ作用によって形成された地形である。川が山地から平地に出るところにできる**A**，川の河口付近にできる**B**をそれぞれ何といいますか。

(2) 集中豪雨などで，**図I**中の山地に大量の雨が降ったとき，大きな岩や細かい泥がいっしょになって斜面を流れ下ることがある。この自然災害を何といいますか。

(3) **図II**は，世界と日本のおもな川の勾配を比べたものである。日本の川の特色を，長さと流れの点から簡単に答えなさい。

図I

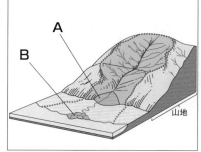

図II

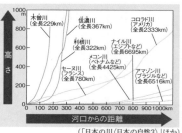

（「日本の川〈日本の自然3〉」ほか）

(1)	A		B	
(2)				
(3)				

3 右の地図を見て，次の問いに答えなさい。(4点×6，(2)はすべてできて得点)

 (1) 地図中の**X・Y・Z**で共通して見られる，複雑な海岸線の地形を何といいますか。

 (2) 地図中の**A～D**は，海流の流れを表している。**A～D**のうち，寒流をすべて選び，記号で答えなさい。

(3) **A**と**D**の海流名を答えなさい。

 (4) 潮境〔潮目〕にあたる水域を，地図中の**ア～エ**から1つ選び，記号で答えなさい。

(5) 日本の近海には，深さが200mくらいまでの海底が広がっている。これを何といいますか。

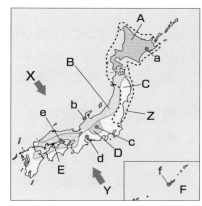

(1)		(2)		(3)	A	
D		(4)		(5)		

4 右の地図を見て，次の問いに答えなさい。(3点×10，(1)は両方できて得点)

 (1) 地図中の**X・Y**は，夏と冬で吹く向きが反対になる風を示している。この風を何といいますか。また，夏の風向きを示しているのは**X・Y**のどちらですか。

(2) 地図中の**A～F**は，日本を6つの気候区に分けたものである。**C**と**E**の気候区の特色を，次の**ア～エ**から1つずつ選び，記号で答えなさい。

ア 夏は降水量が多く，冬は乾燥する。

イ 梅雨の影響を受けず，冬の寒さがきびしい。

ウ 1年を通して降水量が少なく，冬も温暖である。

エ 冬は雪が多く降り，降水量が多くなる。

 (3) 次の**ア～カ**の雨温図は，地図中の**a～f**の6つの都市の気温と降水量を表している。**a～f**にあてはまるものを，**ア～カ**から1つずつ選び，記号で答えなさい。

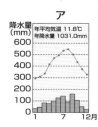 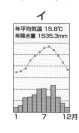 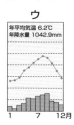 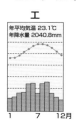 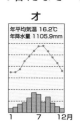 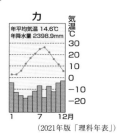

(2021年版「理科年表」)

(4) 地図中に で示した**Z**の地域では，夏に気温が上がらず，農作物の生育が不良になる災害に見まわれることがある。この自然災害を何といいますか。

(1)	風		記号		(2)	C		E	
(3)	a	b	c	d	e	f	(4)		

2 日本の人口

STEP 1 要点チェック

テスト1週間前から確認!

1 日本の人口の変化

① **日本の人口**…約1億2600万人（2020年）。二度の「ベビーブーム」の時期に増加したが，現在は**人口減少社会**になっている。

● **世界の人口**…**人口爆発**→1950年の約25億人から2020年には約78億人に増加。└発展途上国の衛生や栄養状態の改善による **人口密度**→アジアの稲作地域やアメリカ，ヨーロッパの都市部で高く，寒帯や乾燥帯の地域で低い。

② **少子高齢化**…日本は，15歳未満の**年少人口**が減少する**少子化**日本の合計特殊出生率は1.36（2019年）と，65歳以上の**老年人口**の割合が増える**高齢化**が進んでいる。労働力不足，社会保障制度の若い世代の負担増などが問題になる。

● **人口ピラミッド**…男女別・年齢別の人口割合を表したグラフ。日本は，**富士山型→つりがね型→つぼ型**へ変化。 よくでる

③ **人口分布**…高度経済成長期ごろから，農村から都市部へ移動。**三大都市圏**や**地方中枢都市**，政令指定都市に人口が集中。└東京，大阪，名古屋 └人口50万人以上で，国が指定した都市，区が設置される

2 過密地域と過疎地域

① **過密**…都市部に人口が集中した状態→交通渋滞，ごみ処理問題など。郊外の人口が増加する**ドーナツ化現象**→都市部の**再開発**で中心部の人口が増える**都心回帰**の現象もみられる。

② **過疎**…農村部や山間部，離島で人口流出，高齢化が進み，地域社会の維持が困難な状態→**町おこし・村おこし**で地域の活性化，**Iターン**や**Uターン**などの移住促進の取り組み。 おぼえる!

▼日本の人口の移り変わり

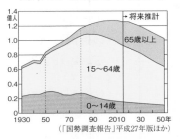

（「国勢調査報告」平成27年版ほか）

!! **重要用語**

地方中枢都市

各地方の政治・経済の中心を担う都市。中央官庁の出先機関や企業の支社や支店が置かれる。札幌，仙台，広島，福岡などがあてはまる。

▼三大都市圏の人口

（2020/21年版「日本国勢図会」）

テストの 要点 を書いて確認　空欄にあてはまる言葉を書こう

別冊解答 P.18

● 日本の人口ピラミッドの変化

① ＿＿＿型
出生率，死亡率が高い。発展途上国に多い型。
1935年

② ＿＿＿型
出生率，死亡率が低い。ヨーロッパの先進国に多い型。
1960年

③ ＿＿＿型
出生率，死亡率が低下し，人口が減少。日本などの少子高齢社会の型。
2019年

（2020/21年版「日本国勢図会」ほか）

● ④ ＿＿＿地域 …人口が過度に集中。

● ⑤ ＿＿＿地域 …人口が減少，地域社会の維持が難しい。

別冊解答 P.18

得点

／100点

1 次の問いに答えなさい。(8点×8)

(1) 日本の人口（2020年）はおよそどのくらいか，次の〔　〕から選びなさい。　　　　[　　　]

〔6600万人　　8600万人　　1億2600万人　　2億2000万人〕

(2) Ⅰのような人口ピラミッドの型を何といいますか。[　　　]

(3) 現在でもⅠの人口ピラミッドと同じ型が見られる世界の国を，次のア～エから1つ選び，記号で答えなさい。[　　　]

ア　ドイツ　　イ　スウェーデン
ウ　中国　　　エ　エチオピア

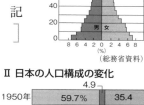

Ⅰ 日本の1935年の
人口ピラミッド

（総務省資料）

(4) 世界の人口は，20世紀後半に急速に増加しました。この現象を何といいますか。
[　　　]

(5) ⅡのグラフのX～Zにあてはまる年齢層を，次のア～ウから1つずつ選び，記号で答えなさい。

X[　　　]　Y[　　　]　Z[　　　]

ア　0～14歳　　イ　15～64歳　　ウ　65歳以上

Ⅱ 日本の人口構成の変化

年			
1950年	59.7%		35.4
1990年	69.7%	12.1	18.2
2030年(推計)	X 57.7%	Y 31.2	Z 11.1

4.9

(2020/21年版「日本国勢図会」)

(6) Ⅱのグラフから，日本は（　　　）化が進んでいることが読み取れます。（　　　）にあてはまる語句を答えなさい。
[　　　]

2 次の問いに答えなさい。(6点×6)

(1) 三大都市圏とは，東京，大阪と，あと1つはどこですか。
[　　　]

(2) 札幌，仙台，広島，福岡のように，その地方の中心的な役割を担っている都市を何といいますか。[　　　]

(3) 次の文中の（①）～（④）にあてはまる適切な語句を答えなさい。

　都市部へ人口が集中したのは（①）の時期からである。地方から仕事を求めて若者が都市に移り住み，地方では（②）化が進行した。一方，都市部では，中心部の夜間人口が減る（③）化現象が起こった。近年は，都市部の（④）が進み，都心回帰の現象が起こっている。

①[　　　]　②[　　　]
③[　　　]　④[　　　]

1
(1) 世界の人口は約78億人（2020年）。日本の人口は，世界の中でも多い国の1つである。
(2) 日本一の高さの山の名前に由来する。
(3) 発展途上国に多く見られる。
(4) 1950年の世界人口は約25億人，1990年にはその倍の約53億人になった。
(5) Yの年齢層の急増に着目する。

2
(1) 中部地方に形成されている大都市圏の中心都市。
(2) 地方の政治・経済の中心となる都市のこと。人口50万人以上の都市で，区が設置される政令指定都市と間違えないようにすること。
(3) ① 1950年代後半から1970年代初めの時期。
③郊外にニュータウンが建設され，都市の中心部へ通勤・通学する生活スタイルがみられるようになった。

STEP
3
得点アップ問題

テスト
3日前
から確認!

別冊解答 P.19

得点

／100点

1 次の問いに答えなさい。(6点×4)

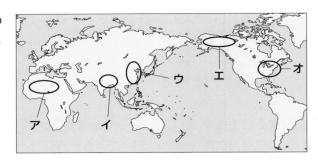

(1) ある国の人口密度を求める式を，次の**ア～エ**から１つ選び，記号で答えなさい。

ア　ある国の面積÷ある国の人口

イ　ある国の人口÷ある国の面積

ウ　ある国の人口÷世界の総面積

エ　ある国の面積÷世界の総人口

(2) 人口密度が低い地域を，右の地図中の**ア～オ**から２つ選び，記号で答えなさい。

(3) 20世紀後半に，世界で人口爆発が起こった背景にあるものを，次の**ア～エ**から１つ選び，記号で答えなさい。

ア　先進国での衛生や栄養状態の改善　　　　イ　先進国での環境問題の悪化

ウ　発展途上国での衛生や栄養状態の改善　　エ　発展途上国での環境問題の悪化

(1)		(2)			(3)	

2 次の問いに答えなさい。(7点×4)

(1) 右の**ア～ウ**は，日本の1935年，1960年，2019年のいずれかの年の人口ピラミッドである。**ア～ウ**を年代の古い順に並べかえ，記号で答えなさい。

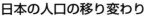

(2) 右のグラフ中の二度の**X**の期間は，生まれる子どもの数（出生数）が急増している。この人口現象を何といいますか。

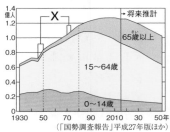

日本の人口の移り変わり

(3) 2019年現在，女性一人が生涯に産む子どもの数の平均を，次の**ア～エ**から１つ選び，記号で答えなさい。

ア　2.44　　イ　2.12　　ウ　1.84　　エ　1.36

(4) 右のグラフのような将来推計人口になった場合の問題点としてあてはまらないものを，次の**ア～エ**から１つ選び，記号で答えなさい。

ア　労働力の不足　　　イ　経済規模の縮小

ウ　税収入の増大　　　エ　社会保障の支出の増大

(1)	→	→	(2)	
(3)		(4)		

3 右の地図を見て，次の問いに答えなさい。(6点×8)

(1) 地図中の★で示した東京・名古屋・大阪に広がる
都市圏を何といいますか。また，日本の全人口に
しめるこの都市圏の割合を示したものを，次の**ア**
～**ウ**から1つ選び，記号で答えなさい。

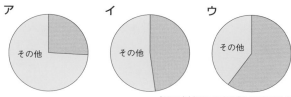

(2019年)(2020/21年版「日本国勢図会」)

難 (2) 人口が50万人以上の都市で，政府によって指定を
受けた政令指定都市としてあてはまらない都市を，地図中の**ア**～**エ**から1つ選び，記号で
答えなさい。

作図 (3) 次の①・②の資料は，地図中の千葉県浦安市と山口県周防大島町の男女別・年齢別人口割
合を示している。資料をもとに，①・②の人口ピラミッドの未完成部分(それぞれ4か所)
を補い，完成させなさい。

①千葉県浦安市

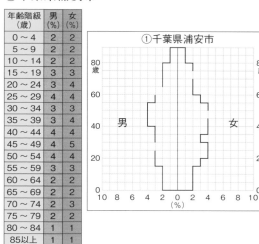

②山口県周防大島町

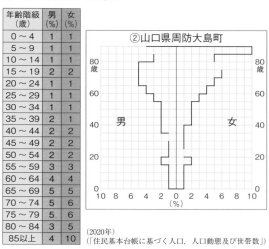

(2020年)
(「住民基本台帳に基づく人口，人口動態及び世帯数」)

文章記述 (4) (3)の①・②のうち，過疎化が進んでいる地域はどちらか選びなさい。また，判断した理
由を，作成した人口ピラミッドを読み取り，簡単に答えなさい(記号と理由で完答)。

難 (5) 地域の再生に取り組む事例について，次の文の(　　)にあてはまる移住の形を何といい
ますか。アルファベット1字でそれぞれ答えなさい。

① (　　)ターン…都市部で生まれて暮らしていた人が農村部に移住すること。

② (　　)ターン…農村部出身者が都市部に移住し，再び生まれた農村部にもどること。

(1)	名称		記号	(2)		(3)	①②(図にかきこむ)
(4)	番号	理由					
(5)	①		ターン	②		ターン	

3 日本の資源・産業①

STEP 1 要点チェック

テスト
1週間前
から確認!

1 資源・エネルギーと電力

① **世界の鉱産資源**…石炭は世界中に広く分布，石油〔原油〕はペルシャ湾岸に集中。 **よくでる**

② **日本の資源輸入**…ほとんどを輸入にたよる。石油は**西アジア諸国**，石炭や鉄鉱石は**オーストラリア**から輸入。
└日本のエネルギー自給率は9.6%(2017年)

③ **電力**…日本は**火力発電**中心。**水力発電**，**原子力発電**など。
└地球温暖化の原因となる二酸化炭素を多く排出する

● **再生可能エネルギー**…太陽光，風力，地熱，バイオマスなど自然の力を利用したエネルギー。 **おぼえる!**
└二酸化炭素の排出量が少なく，持続可能な社会の実現へ向けて導入が進む

2 日本の第一次産業〔農林水産業〕

① **第一次産業**…農業・林業・水産業。従事者の減少，高齢化が進む。

② **農業**…稲作中心。農家ごとの小規模経営が多い。

● **稲作**…北海道，東北地方，北陸でさかん。

● **野菜栽培**…近郊農業，促成栽培，抑制栽培など。 **よくでる**

● **果樹栽培**…山ろくや盆地でさかん。冷涼な地域で**りんご**，温暖な地域で**みかん**の栽培がさかん。
└扇状地が発達

● **畜産**…北海道で酪農，九州地方で肉牛，豚，鶏の飼育がさかん。

③ **食料自給率**…貿易の自由化で安い輸入農産物が増え，日本の食料自給率は低下。 **おぼえる!**
└米は100%に近いが，肉類や果実は輸入自由化で低下，小麦・大豆が低い

④ **林業**…すぎやひのきの**人工林**。輸入材におされたが，近年は国産材の生産量が回復傾向。
└秋田すぎ，吉野すぎ

⑤ **水産業**…排他的経済水域の設定で**遠洋漁業**，不漁により**沖合漁業**の漁獲量は減少。

● **育てる漁業**…魚介類を大きくなるまで育てる**養殖業**，稚魚や稚貝を放流して大きくなった魚をとる栽培漁業がさかんになっている。 **よくでる**

▼日本のおもな資源の輸入先

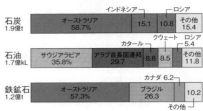

(2019年)（2020/21年版「日本国勢図会」）

!! 重要用語

近郊農業
大都市周辺で，市場の近さを生かし，野菜や花を出荷する。

促成栽培
農作物の成長を早めて出荷時期をずらす工夫をした栽培方法。

抑制栽培
農作物の成長を遅らせる工夫をした栽培方法。

テストの 要点 を書いて確認　空欄にあてはまる言葉を書こう

別冊解答 P.19

● 資源・エネルギー

・ ① [　　　]…地下に埋蔵された有用な資源。

・エネルギー資源… ② [　　　]，石炭，天然ガスなどの化石燃料。

・日本は，主要な①を ③ [　　　]にたよる。

● 日本の農林水産業…農業生産額の内訳

その他6.7
花き 3.7
果実 9.3
⑥ 19.2
計 9.1兆円
④ 35.5%
⑤ 25.6

④ [　　　]
⑤ [　　　]
⑥ [　　　]

(2018年)（2021年版「データでみる県勢」）

・価格が高い時期に出荷するための ⑦ [　　　]栽培や抑制栽培。

STEP
2
基本問題

テスト
5日前
から確認！

別冊解答 P.19

得点

／100点

1 右の地図中のX～Zにあてはまる鉱産資源を，下のア～ウから1つずつ
選び，記号で答えなさい。(6点×3)

X [   ]

Y [   ]

Z [   ]

ア　石炭

イ　鉄鉱石

ウ　石油

凡例：
＃X　■Y
▲Z　●銅鉱
×ボーキサイト

1
石炭は広く世界に分布して
いるが，石油と鉄鉱石の分
布にはかたよりがみられ
る。石油の最大の産出地は，
ペルシャ湾岸である。

第4章
3
日本の資源・産業①

2 次の文中の（ ① ）～（ ④ ）にあてはまる適切な語句を答えなさい。

(7点×4)

　産業や生活に欠かせない電力は，さまざまな方法で生産されてい
る。日本では，石油や天然ガスを燃料とする（ ① ）発電が中心だが，
これは，地球温暖化の原因となる（ ② ）を多く排出するため，太
陽光，風力，地熱などの自然の力を利用する（ ③ ）エネルギーの
開発が進められている。また，（ ④ ）発電は，放射能の安全性など，
多くの問題をかかえている。

① [   ]　　② [   ]

③ [   ]　　④ [   ]

2
①日本の総発電量の約8割
しめている。
④ウランを燃料とする発電
方法である。

3 次の問いに答えなさい。((2)は9点×2，他は6点×6)

(1) 大都市の周辺で野菜や花などを栽培し，新鮮なうちに出荷する農業
を何といいますか。　　　　　　　　　　　　[   ]

(2) 次の①・②にあてはまる栽培方法を，それぞれ答えなさい。

　① 宮崎平野でさかんな野菜の出荷時期を早める栽培方法。

　② 長野県の高原でさかんな野菜の出荷時期を遅くする栽培方法。

① [   ]　　② [   ]

(3) 日本の食料自給率が低いものを，次のア～エから2つ選び，記号で
答えなさい。　　　　　　　　　　[   ] [   ]

ア　米　　イ　小麦　　ウ　大豆　　エ　肉類

(4) 日本の森林の多くは，人の手で植林されたものである。このような
森林を何といいますか。　　　　　　　　　　[   ]

(5) 「育てる漁業」にあてはまる漁業を，次のア～エから2つ選び，記
号で答えなさい。　　　　　　　　　　[   ] [   ]

ア　遠洋漁業　　イ　栽培漁業　　ウ　沖合漁業　　エ　養殖業

3
(1) 大都市の周辺とは，都
市の郊外のこと。
(2) ①②ともに，ほかの産
地からの出荷が少ない時期
に市場へ出荷することで，
高い値段で取り引きできる
利点がある。
(3) うどんや豆腐の原料と
なるものであるが，国産の
生産量が少なく，輸入にた
よっている。
(5) あてはまらない漁業は
「とる漁業」である。

1 次の問いに答えなさい。(5点×10)

(1) 日本のエネルギー自給率（2017年）を，次の**ア〜エ**から１つ選び，記号で答えなさい。

ア 318.9%　**イ** 195.2%
ウ 68.3%　**エ** 9.6%

(2) 世界的な石油の産出地を，右の地図中の**ア〜エ**から１つ選び，記号で答えなさい。

(3) **Ⅰ**のグラフの**A〜C**にあてはまる鉱産資源を，次の**ア〜エ**から１つずつ選び，記号で答えなさい。

ア 石油　　**イ** 天然ガス
ウ 石炭　　**エ** 鉄鉱石

(4) **Ⅱ**のグラフの**X〜Z**にあてはまる国の組み合わせとして適切なものを，次の**ア〜エ**から１つ選び，記号で答えなさい。

ア X－フランス　Y－カナダ　Z－アメリカ合衆国
イ X－カナダ　Y－フランス　Z－アメリカ合衆国
ウ X－アメリカ合衆国　Y－フランス　Z－カナダ
エ X－カナダ　Y－アメリカ合衆国　Z－フランス

(5) 右の写真①・②は，**Ⅱ**のグラフの新エネルギーにふくまれる発電の施設である。①・②の発電の動力となるものを，それぞれ答えなさい。

(6) 地熱や写真①・②のように，自然界にあるものを利用するエネルギーを何といいますか。また，そのエネルギーによる発電は，どのような点ですぐれているか，簡単に答えなさい。

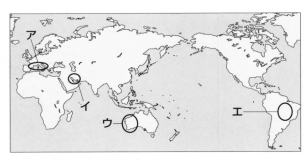

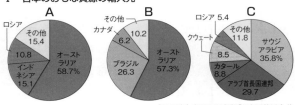

Ⅰ　日本のおもな資源の輸入先

A
ロシア　その他 15.4
10.8
インドネシア 15.1
オーストラリア 58.7%

B
その他
カナダ 10.2
6.2
ブラジル 26.3
オーストラリア 57.3%

C
ロシア 5.4
クウェート
その他 11.8
8.5
カタール 8.8
サウジアラビア 35.8%
アラブ首長国連邦 29.7

(2019年)(2020/21年版「日本国勢図会」)

Ⅱ　おもな国の発電量の割合

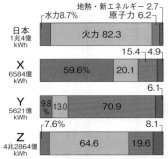

地熱・新エネルギー 2.7
水力8.7%　原子力 6.2
日本 1兆4億kWh　火力 82.3

X 6584億kWh　59.6%　20.1　15.4　4.9

Y 5621億kWh　9.8% 13.0　70.9　6.1

Z 4兆2864億kWh　7.6%　64.6　19.6　8.1

日本は2018年，他は2017年
※合計は100%になるように調整していない。
(2020/21年版「世界国勢図会」ほか)

(1)		(2)				
(3)	A		B		C	
(4)			(5)	①		②
(6)		エネルギー	すぐれている点			

2 次の問いに答えなさい。(6点×6)

日本の農業産出額の推移

1970年	X 25.9%	Y 15.9	Z 37.9	その他 20.3
1985年	X 28.0%	Y 18.1	Z 32.9	その他 21.0
2018年	X 35.5%	Y 25.6	Z 19.2	その他 19.7

（2021年版「データでみる県勢」）

(1) 右のグラフ中の**X～Z**にあてはまる農産物の組み合わせとして正しいものを，次の**ア～ウ**から1つ選び，記号で答えなさい。

ア X 畜産物　Y 野菜　Z 米

イ X 米　Y 野菜　Z 畜産物

ウ X 野菜　Y 米　Z 畜産物

(2) 右の表は果実の国内消費量，国内生産量，輸入量を示している。果実の自給率を次の**ア～エ**から1つ選び，記号で答えなさい。

国内消費量	国内生産量	輸入量
743万 t	283万 t	466万 t

（2018年）（「食料需給表」平成30年度）

ア 38%　　**イ** 59%　　**ウ** 70%　　**エ** 99%

(3) 果実の栽培地域として適切なものを，次の**ア～エ**から1つ選び，記号で答えなさい。

ア 高冷地　　**イ** 湿原　　**ウ** 盆地の扇状地　　**エ** 河口の三角州

(4) 促成栽培や抑制栽培の目的を，次の**ア～エ**から1つ選び，記号で答えなさい。

ア 価格を安くおさえること。　　**イ** 短時間で新鮮なうちに出荷すること。

ウ より高い収入を得ること。　　**エ** 輸出量を増やすこと。

(5) 次の文中の（　①　）・（　②　）にあてはまる語句を答えなさい。

　農業人口は年々減少し，後継者不足と（　①　）化が進んでいる。また貿易の（　②　）による輸入農産物との競争も激しくなり，国内の農業の活性化をはかるために，さまざまな取り組みが行われている。

(1)		(2)		(3)		(4)	
(5)	①			②			

3 次の問いに答えなさい。((1)は6点，他4点×2)

漁業形態別漁獲量の推移

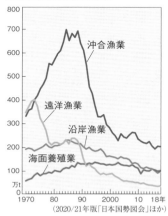

（2020/21年版「日本国勢図会」ほか）

(1) 右のグラフ中の遠洋漁業の漁獲量はどのように変化しているか。その理由もふくめ，「排他的経済水域」という語句を用いて，簡単に答えなさい。

(2) グラフ中の「海面養殖業」の特色としてあてはまるものを次の**ア～ウ**から1つ選び，記号で答えなさい。

ア 育てた魚や貝を海に放流する。

イ 網を張った水域で，管理しながら育てる。

ウ 大型の漁船で，数か月にわたり漁を続ける。

(3) 東北地方の秋田 ☐ や紀伊半島の吉野 ☐ などの針葉樹は，木造建築に利用されてきた。 ☐ に共通してあてはまる樹木を，次の**ア～エ**から1つ選び，記号で答えなさい。

ア ひのき　　**イ** ひば　　**ウ** すぎ　　**エ** ぶな

(1)	
(2)	(3)

第4章
3
日本の資源・産業①

4 日本の産業②・交通網・通信網

STEP 1 要点チェック

テスト1週間前から確認!

1 日本の第二次産業〔工業〕

① 第二次産業…鉱業・工業〔製造業〕・建設業など。

② 太平洋ベルト…工業地帯・地域が帯状に連なる。

③ 工業地域の変化…臨海部から内陸部へ。工業団地。
└高速道路の整備, トラック輸送

④ 工業の変化…原料を輸入して工業製品を輸出する加工貿易→貿易摩擦の問題→日本企業の海外生産, 製品輸入の増加→国内の製造業が衰える産業の空洞化。 よくでる

2 日本の第三次産業〔商業・サービス業〕

① 第三次産業…商業, 金融業, サービス業など。東京や大阪,
└日本では最も多く従事している
福岡のほかに, 北海道や沖縄で就業者割合が高い。
└観光業がさかん

② 商業…卸売業と小売業。郊外にショッピングセンター。

③ サービス業…情報通信技術〔ICT〕の発達で, さまざまな業種が増えている。
└アニメーションやゲームソフトをつくるコンテンツ産業もふくまれる

3 日本の交通網・通信網

① 貨物輸送の特色…海上輸送→重くてかさばる燃料や
└石油〔原油〕はタンカーで輸送
原料など。航空輸送→軽くて高価なもの。
└IC〔集積回路〕などの電子部品, 鮮度が重要な魚介類

② 高速交通網…1960年代から高速道路, 新幹線の整備。
└東京を中心に広がる　　　　　　└1964年東海道新幹線開通
貨物輸送は自動車が中心に。成田国際空港などの国際空港と地方空港, 外国人観光客の増加。
└航空機の乗り継ぎ拠点であるハブ空港　　　└中国などアジアからの訪日客

③ 通信網…インターネットを利用した買い物や遠隔医療など, 情報通信技術〔ICT〕の発達。
└高速通信回線で都市と過疎地域の病院で記録を共有

▼工業地帯・地域の工業生産額の内訳

	金属	機械	化学	食料品	せんい	その他
京浜 39.7兆円	9.8%	45.1	15.9	12.4	0.5	16.3
中京 57.8兆円	9.4%	69.4	6.2	4.7	0.8	9.5
阪神 33.1兆円	20.7%	36.9	17.0	11.0	1.3	13.1
北九州 9.8兆円	16.3%	46.6	5.6	16.9	0.5	14.1
北関東 30.7兆円	13.9%	45.0	9.9	15.5	0.6	15.1
京葉 12.2兆円	21.5%	13.1	39.9	15.8	0.2	9.5
東海 16.9兆円	7.8%	51.7	11.0	13.7	0.7	15.1
瀬戸内 30.7兆円	18.6%	35.2	21.9	8.1	2.1	14.1

(2017年)(2020/21年版「日本国勢図会」ほか)

▼輸出入品の変化

1960年
輸出 1.5兆円: 機械類 12.2　鉄鋼 9.6　船舶 7.1　せんい品 30.2%　魚介類 4.3　その他 36.6
輸入 1.6兆円: 石油 13.4　機械類 7.0　せんい原料 17.6%　鉄くず 5.1　小麦 3.9　鉄鉱石 4.8　その他 48.2

2019年
輸出 76.9兆円: 機械類 36.8%　自動車 15.6　自動車部品 4.7　鉄鋼 4.0　プラスチック 3.2　精密機械 2.9　その他 32.8
輸入 78.6兆円: 機械類 24.9%　石油 12.1　液化ガス 6.2　衣類 4.1　医薬品 3.9　石炭 3.2　精密機械 2.8　その他 42.8

(2020/21年版「日本国勢図会」)

テストの要点を書いて確認　空欄にあてはまる言葉を書こう

別冊解答 P.21

● 日本の工業

工業地帯・地域が帯状に連なる
① 〔　　　〕

北九州工業地域　北陸工業地域
阪神工業地帯 ④　③
京葉工業地帯
② 東海工業地域　京浜工業地帯 ①

内陸部に工業団地が進出
③ 〔　　　〕工業地域

工業生産額が日本最大
② 〔　　　〕工業地帯

石油化学コンビナートが発達
④ 〔　　　〕工業地域

・日本の工業は, 原料を輸入して製品を輸出する ⑤〔　　　〕で発達した。

● 日本の交通網・通信網

・石油や重い製品は ⑥〔　　　〕輸送, 軽くて高価な電子部品の輸送は ⑦〔　　　〕輸送 が適している

基本問題

1 次の問いに答えなさい。(8点×8)

(1) 右の地図中のX～Zにあてはまる工業地帯・地域名を答えなさい。

X [　　　　工業地帯]
Y [　　　　工業地帯]
Z [　　　　工業地域]

(2) 右のグラフに見られる日本の貿易を，何貿易といいますか。

[　　　　　　　　]

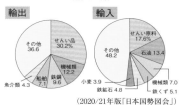

1960年の日本の輸出入品

輸出
その他 36.6
せんい品 30.2%
機械類 12.2
鉄鋼 9.6
船舶 7.1
魚介類 4.3

輸入
せんい原料 17.6%
石油 13.4
その他 48.2
機械類 7.0
鉄くず 5.1
鉄鉱石 4.8
小麦 3.9

(2020/21年版「日本国勢図会」)

(3) 1980年代，日本とアメリカの間で起こった貿易上の対立を何といいますか。 [　　　　　　　]

(4) 企業の海外進出が進んだことで起こった，国内の産業が衰退(すいたい)する現象を何といいますか。 [　　　　　　　]

(5) 第三次産業就業者人口の割合が高い都道府県を，次のア～エから2つ選び，記号で答えなさい。 [　　] [　　]

ア 北海道　イ 岩手県　ウ 富山県　エ 沖縄県

2 次の問いに答えなさい。(6点×6，(1)①・②それぞれ2つできて得点)

(1) 次のア～エから，①海上輸送と②航空輸送に適している製品を，2つずつ選び，記号で答えなさい。

ア 石油　イ 鮮魚　ウ IC〔集積回路〕　エ 鉄鉱石

①[　　,　　] ②[　　,　　]

(2) 次の文中の（ ① ）～（ ③ ）にあてはまる適切な語句を答えなさい。

　日本は，高度経済成長期に高速交通網の整備が急速に進んだ。1964年の（ ① ）新幹線の開通以降，各地を結ぶ路線が拡張されている。高速道路の整備により，国内の貨物輸送は（ ② ）輸送が増えた。国際空港や地方空港が各地に整備された。これらの都市間を結ぶ高速交通網の拠点となる都市は（ ③ ）である。

①[　　　　] ②[　　　　] ③[　　　　]

(3) 海底通信ケーブルによる大容量の通信網の整備や，インターネットによる通信販売などにより，生活が大きく変化している。情報通信技術のことをアルファベット3文字で何といいますか。

[　　　　　　　]

1

(1)X～Zは，太平洋ベルトに位置する。

X 東京，横浜が中心。

Y 大阪，神戸が中心。

(2)原料（せんい原料）を輸入し，工業製品（せんい品）を輸出している。

(3)自動車などの日本の輸出が増加，アメリカは貿易赤字となった。

(4)国内の産業の状況を表す語句があてはまる。

(5)第三次産業の就業者人口は，三大都市圏のほかに観光業がさかんな地域でも割合が高くなる。

2

(1)それぞれの重量や形態などによって，適した輸送方法をとる。

(2)①東京と大阪を結ぶ路線。②かつての貨物輸送は船と鉄道が中心であった。③一極集中が進む都市。

1 右の地図を見て，次の問いに答えなさい。(5点×6)

(1) おもな工業地域が集中している，地図中の**X**の地帯を何といいますか。

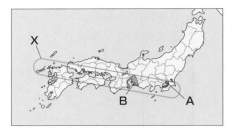

(2) 地図中の**A**・**B**の工業地帯・工業地域名を答えなさい。また，**A**・**B**の工業地帯・工業地域の生産額割合を示しているグラフを，次の**ア～エ**から1つずつ選び，記号で答えなさい。なお，**ア～エ**は，**A**，**B**のほかに，京浜工業地帯，阪神工業地帯のいずれかの工業生産額割合を示している。

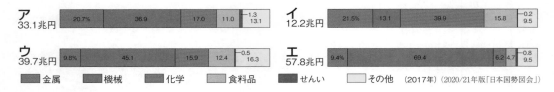

| ア 33.1兆円 | 20.7% | 36.9 | 17.0 | 11.0 | 1.3 13.1 |

| イ 12.2兆円 | 21.5% | 13.1 | 39.9 | 15.8 | 0.2 9.5 |

| ウ 39.7兆円 | 9.8% | 45.1 | 15.9 | 12.4 | 0.5 16.3 |

| エ 57.8兆円 | 9.4% | 69.4 | 6.2 4.7 | 0.8 9.5 |

■金属　■機械　■化学　■食料品　■せんい　□その他　(2017年)(2020/21年版「日本国勢図会」)

(3) 日本の工業について正しく述べたものを，次の**ア～エ**から1つ選び，記号で答えなさい。

ア 軽工業の代表例に，IC〔集積回路〕などの小型・軽量の電子工業がある。

イ 石油化学工業は，臨海部の工業地域に発達している。

ウ 内陸部の工業団地には，鉄鋼などの金属工業や火力発電所が立地している。

エ 原料を輸入して工業製品を輸出する貿易は，産業の空洞化をまねいた。

(1)		(2)	A		記号	
B		記号		(3)		

2 次の問いに答えなさい。(4点×5)

(1) 右のグラフ中の**X～Z**は，第一次，第二次，第三次のいずれかの産業を示している。それぞれ第何次産業か答えなさい。

(2) 第三次産業にあてはまるものを，次の**ア～カ**から2つ選び，記号で答えなさい。

ア 製造業　**イ** 情報通信業　**ウ** 林業
エ 鉱業　**オ** 金融業　**カ** 建設業

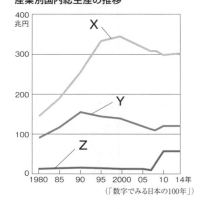

産業別国内総生産の推移

(「数字でみる日本の100年」)

(1)	X	第　　　次産業		
	Y	第　　　次産業		
	Z	第　　　次産業	(2)	

3 次の問いに答えなさい。((1)は7点×2，他4点×5)

文章記述 (1) Ⅰのグラフの品目に着目して，航空輸送と海上輸送において，それぞれ輸送に適して貨物はどのようなものが多いと考えられるか，それぞれ簡単に答えなさい。

(2) Ⅰのグラフ中の「原油」の輸送に使用される専用船を何といいますか。

(3) Ⅱのグラフは，日本を訪れる外国人の国・地域別割合を表したものである。**X**にあてはまる国・地域名を答えなさい。

よくでる (4) 成田国際空港と関西国際空港の位置を，右の地図中の**ア〜エ**から1つずつ選び，記号で答えなさい。

難 (5) 成田国際空港は，世界の都市を結ぶ航空路の乗り継ぎの拠点となる（　　）空港の役割を他の空港と競い合っている（　　）にあてはまる語句を，カタカナ2字で答えなさい。

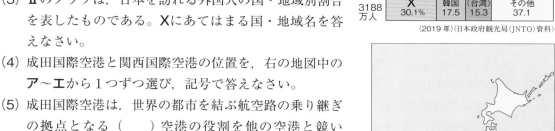

Ⅰ 日本の航空・海上輸送貨物（輸入）

航空輸送　半導体等電子部品17.1%／科学光学機器5.8／電気計測機器3.2／22.3兆円／その他71.3／医薬品2.6

海上輸送　原油14.8%／液化ガス9.0／60.3兆円／その他68.1／石炭4.7／銅鉱1.7／鉄鉱石1.7

(2019年)(2020/21年版「日本国勢図会」)

Ⅱ 訪日外国人の国・地域別割合

3188万人	X 30.1%	韓国 17.5	台湾 15.3	その他 37.1

(2019年)(日本政府観光局(JNTO)資料)

(1)	航空貨物	
	海上貨物	
(2)		(3)
(4) 成田国際空港　　関西国際空港	(5)　　　　　空港	

4 右の地図を見て，次の問いに答えなさい。(4点×4)

よくでる (1) 東京—広島間の旅客輸送では，鉄道（JR線）と航空機の利用割合は，ほぼ1対1になっている。このことから，①東京—大阪間，②東京—福岡間の交通機関の利用割合はどのようになると考えられるか。次の**ア〜エ**から1つずつ選び，記号で答えなさい。

ア 鉄道の利用割合が高くなる。

イ 航空機の利用割合が高くなる。

ウ 利用割合は1対1で変わらない。

エ 鉄道と航空機よりも，船の利用割合が高くなる。

広島／福岡／東京／大阪

(2) 東京—福岡間をつなぐ新幹線を何といいますか。

(3) 過疎化が進む地域では，都市の病院と高速通信回線で結びデータを共有する（　　）医療が行われている。（　　）にあてはまる語句を，漢字2字で答えなさい。

(1) ①	②	(2)
(3)		

定期テスト予想問題

別冊解答 P.22

目標時間 **45**分

得点 ／100点

1 次の問いに答えなさい。(4点×5)

(1) 日本列島は火山活動や地震の震源が多い変動帯〔造山帯〕にふくまれている。変動帯〔造山帯〕にある世界の山地・山脈として誤っているものを、次の**ア〜エ**から1つ選び、記号で答えなさい。

ア アルプス山脈　　**イ** アンデス山脈
ウ ヒマラヤ山脈　　**エ** アパラチア山脈

(2) 災害の多い日本では、都道府県や市区町村で災害予想地域や避難所を示した地図を作成している。この地図を何といいますか。

(3) 地図中の**X**に広がる地域を境に、日本列島の地形は東西で大きく異なっている。**X**の地形を何といいますか。

(4) 次の文にあてはまる川を、地図中の**ア〜エ**から1つ選び、記号で答えなさい。
「日本で最も長い河川で、下流には越後平野が広がっている。」

(5) 地図中の4つの矢印から、日本の冬の気候に影響をあたえる季節風の風向きを示したものを黒くぬりつぶしなさい。

(1)		(2)		(3)	
(4)		(5)	（地図にかきこむ）		

2 次の問いに答えなさい。(5点×6)

(1) 近年、日本をふくむ先進国では、出生率が低下すると同時に、平均寿命がのび、死亡率が低下する傾向がみられる。この傾向を何といいますか。

(2) 次の文中の　　　にあてはまる語句を、あとの**ア〜ウ**から選び、記号で答えなさい（同じ記号を何度でも使用してよい）。

　　日本では、人口ピラミッドは、① 型→ ② 型→ ③ 型へと変化した。このうち、現在の発展途上国でみられる型は、④ 型である。

ア つぼ　**イ** 富士山　**ウ** つりがね

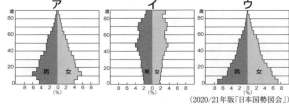

(2020/21年版「日本国勢図会」)

(3) 現在の日本の人口ピラミッドを、右のグラフの**ア〜ウ**から1つ選び、記号で答えなさい。

(1)				化		
(2)	①		②		③	
	④		(3)			

❸ 次の問いに答えなさい。((3)は8点, 他6点×2)

（1）右の**ア～ウ**の円グラフは, 日本, 中国, インドの産業別人口割合を表したものである。日本の割合を示したものを, **ア～ウ**から1つ選びなさい。

■ 第一次産業 ▨ 第二次産業 □ 第三次産業
日本は2017年, 中国は2015年, インドは2012年（ILO資料）

（2）次の文中の（　　　）にあてはまる適切な語句を答えなさい。

　　第三次産業には, アニメーションやコンピューターゲームをつくるコンテンツ産業もふくまれる。これらを制作する会社は, 特に東京のような人や（　　　）が集まる大都市圏に集中する傾向がある。

（3）右の地図中の●は, 日本のおもな石油化学工場の分布を表している。写真は, 石油化学工場や関連工場が集まって形成されている工業地域の様子である。これらの工場は, どのような場所に形成されているか,「輸送」という語句を使って, 簡単に答えなさい。

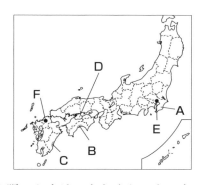

(1)		(2)			
(3)					

❹ 右の地図を見て, 次の問いに答えなさい。(5点×6)

（1）次の文中の下線部の農業と栽培方法のことをそれぞれ何といいますか。

① 地図中の**A**では, 大消費地に近いという利点を生かして, 都市向けに野菜や花などを生産している。

② 地図中の**B**や**C**では, 温暖な気候を生かし, ビニールハウスなどを使って野菜の生育を早め, ほかの産地より早い時期に出荷している。

（2）地図中の**D**の海では, 人工的にふ化させた魚や貝を, 網を張った水域で大きくなるまで育てる漁業が行われている。このような漁業を何といいますか。

（3）地図中の**E**と**F**の都市は, 東海道・山陽 [　　] で結ばれている。[　　] にあてはまる語句を答えなさい。

（4）**E**から**F**まで東海道・山陽 [　　] で移動するとき, 次のように工業地帯・地域を通過する。（　X　）・（　Y　）にあてはまる語句を答えなさい。

　　京浜工業地帯→東海工業地域→（　X　）工業地帯→阪神工業地帯→

　　（　Y　）工業地域→北九州工業地域

(1)	①		②		(2)	
(3)			(4)	X	工業地帯　Y	工業地域

1 九州地方

STEP 1 要点チェック

テスト1週間前から確認!

1 九州地方の自然と都市

① 地形…巨大な**カルデラ**がある**阿蘇山**，桜島など火山が多い。
火山の噴火で形成されたくぼ地
火山の周辺は温泉が多く観光地，**地熱発電**に利用。

② 気候…暖流の黒潮〔日本海流〕と対馬海流が流れ冬でも温暖。

● 災害…集中豪雨による土砂災害，**ハザードマップ**の作成。
防災マップともいう

③ 福岡市…九州地方の中心都市，博多駅は九州の交通網の拠点。

2 九州地方の産業と環境保全

① 農業 **よくでる**

● 北部…**筑紫平野**は九州を代表する稲作地帯。**二毛作**がさかん。
同じ耕地で1年に2種類の作物を栽培

● 南部…**宮崎平野**で**促成栽培**。**シラス台地**が広がる鹿児島県
火山灰が積もった台地
では，さつまいも・茶の栽培や畜産がさかん。

② 工業 **おぼえる!**

● **北九州工業地域**…**八幡製鉄所**の操業開始から鉄鋼業が
発展，**エネルギー革命**以降は機械工業へ転換。**エコタ**
石炭から石油へ　埋め立て地にリサイクル工場
ウン事業を展開。

● 九州各地の工業…高速道路沿いにIC〔集積回路〕工場や自動車工場が進出。

③ 環境保全…北九州市や**水俣市**で，環境と開発の両立をめざした**持続可能な社会**の取り組み。
四大公害病の1つ，水俣病を克服

④ 沖縄…台風の通り道，水不足になりやすい。さとうきび・パイナップル・菊の栽培がさかん。
さんご礁の海や琉球王国の史跡，三線の芸能→**観光業**がさかん。**アメリカ軍基地**が集中。
第二次世界大戦後から1972年まで
アメリカ軍の統治下にあった

▼九州地方の地形

対馬／筑紫山地／筑後川／阿蘇山／九州山地／宮崎平野／桜島／シラス台地／大隅半島／奄美大島／沖縄島／屋久島／種子島／薩摩半島／霧島山／鹿児島県／雲仙岳〔普賢岳〕／長崎県／五島列島／有明海／筑紫平野／福岡県／佐賀県／大分県／熊本県／宮崎県

▼豚・肉牛の飼育数の都道府県別割合

豚　　北海道 7.6

鹿児島 13.9%	宮崎 9.1	群馬 6.9	千葉 6.6	その他 55.9

肉牛　　熊本5.0　　岩手3.5

北海道 20.5%	鹿児島 13.5	宮崎 10.0	その他 47.5

(2019年)　(2020/21年版「日本国勢図会」)

テストの 要点 を書いて確認　　空欄にあてはまる言葉を書こう

別冊解答 P.23

● 九州地方の自然と産業

① 〔　　〕市…九州地方
の政治・経済・文化の中心

② 〔　　〕平野…九州を
代表する稲作地帯

③ 〔　　〕台地
…さつまいも・茶の栽培や畜産

④ 〔　　〕工業地域
…八幡製鉄所を中心に発展，
現在はエコタウン事業を展開

⑤ 〔　　〕
…世界最大級のカルデラ

宮崎平野…

野菜の ⑥ 〔　　〕栽培

1 右の地図を見て，次の問いに答えなさい。(7点×6)

(1) 地図中の①～③の山地・河川・海名を答え
なさい。

① [　　　　　山地] ② [　　　　　川]
③ [　　　　　海]

(2) しばしば噴火して降灰の被害をもたらして
いる桜島を，地図中の**ア**～**エ**から1つ選び，
記号で答えなさい。　　[　　　　]

(3) 九州地方の気候に影響をおよぼしている海
流は，黒潮〔日本海流〕と何ですか。
[　　　　]

(4) 地図中の**A**は，九州地方の政治・経済・文化の中心となっている都
市である。この都市名を答えなさい。　　[　　　　]

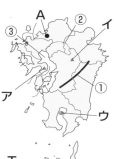

2 右の地図を見て，次の問いに答えなさい。(8点×5)

(1) 地図中の**A**の平野で行われている，米の収
穫後に麦類などを栽培する方法を何といい
ますか。　　[　　　　]

(2) 地図中の**B**の平野で行われている，野菜の出
荷時期を早める栽培方法を何といいますか。
[　　　　]

(3) 地図中の**C**の台地の農業の中心は，稲作・
畑作のどちらですか。　　[　　　　]

(4) 次の文中の①・②にあてはまる語句を答えなさい。

「地図中の**D**の工業地域は，官営の ① 製鉄所の開業をきっかけ
に発展し，近年はリサイクル工場を集めた ② を形成している。」

① [　　　　] ② [　　　　]

3 次の問いに答えなさい。(6点×3)

(1) 15世紀に沖縄島に成立した国を何といいますか。[　　　　]

(2) 沖縄でさかんに栽培されている農作物の組み合わせを，次の**ア**～**エ**
から1つ選び，記号で答えなさい。　　[　　　　]

ア さつまいも・茶　　**イ** きゅうり・ピーマン
ウ 米・小麦　　**エ** さとうきび・パイナップル

(3) 沖縄島の約15%の土地は，ある国の軍の専用施設に使われています。
ある国とはどこですか。　　[　　　　]

第5章
1
九州地方

1
(1) ②流域には筑紫平野が
広がる。
③干潟が広がっている。
(2) 日常的に噴火をくり返
し，対岸の鹿児島市にまで
灰が降る。
(3) 黒潮と同じく暖流であ
り，その影響で比較的温暖
な気候となっている。
(4) このような都市は地方
中枢都市ともよばれ，ほか
にも札幌，仙台，広島など
がある。

2
(1) **A**は筑紫平野。近年は
ビニールハウスを利用し
て，消費地向けに，野菜や
いちごの栽培がさかん。い
ちごの「あまおう」は有名。
(2) **B**は宮崎平野。野菜は
大型フェリーで大消費地へ
出荷されている。
(3) **C**はシラス台地。水持
ちの悪い火山灰が積もった
土壌である。
(4) **D**は北九州工業地域。
かつて大気汚染や水質汚濁
などの公害問題がおこり，
これを克服した。

3
(1) 中国や東南アジアとの
中継貿易で栄えた。
(2) 1年中暖かい気候を生
かして栽培。

1 右の地図を見て，次の問いに答えなさい。(5点×7)

(1) 次の文があてはまる山を地図中の**ア～エ**から1つ選び，記号で答えなさい。また，文中の ▢ にあてはまる語句を答えなさい。

噴火のときにできた ▢ とよばれるくぼ地の規模は世界最大級で，その中ではおよそ5万人近くが生活している。

よくでる (2) 地図中の**A**の台地を何といいますか。また，この台地でしばしば発生する自然災害を次の**ア～エ**から1つ選び，記号で答えなさい。

ア 冷害　　**イ** 土砂くずれ　　**ウ** 津波　　**エ** 雪害

(3) 地図中の**B**の都市にあり，九州の鉄道網の中心となっている駅を何といいますか。

(4) 地図中の**B**の都市について，誤っているものを次の**ア～エ**から1つ選び，記号で答えなさい。

ア 韓国のプサン(釜山)に近い。　　**イ** 大学や商業・娯楽施設が集まっている。

ウ 福岡県の県庁所在地である。　　**エ** 江戸時代にはオランダとの貿易が行われた。

(5) 地図中の**C**の都市はかつて四大公害病の1つである公害病が発生し，現在は持続可能な社会の実現を目指して，環境に配慮した取り組みを進めている。この都市名を答えなさい。

(1)	記号	語句	(2)	台地		記号
(3)		駅	(4)		(5)	

2 右の地図を見て，次の問いに答えなさい。(4点×4)

よくでる (1) 地図中の**A**の平野名を答え，ここでの農業の説明として，誤っているものを次の**ア～エ**から1つ選び，記号で答えなさい。

ア 稲作が終わった後の水田で，小麦や大麦を栽培している。

イ 近年は，大都市向けに野菜・いちごの栽培がさかんである。

ウ さつまいも・茶や飼料作物の栽培がさかんである。

エ 九州を代表する稲作地帯である。

(2) 右の表は，豚の飼育数を示している。表中の ▢ にあてはまる県を，地図中の**ア～エ**から1つ選び，記号で答えなさい。

文章記述 (3) 地図中の**B**の平野では，ビニールハウスを利用してきゅうり・ピーマンなどの野菜を栽培し，冬に東京や大阪などの大消費地へ出荷している。このような方法をとっている理由を，「価格」という語句を用いて簡単に答えなさい。

県	万頭
▢	126.9
宮　崎	83.6
北海道	69.2
群　馬	63.0
千　葉	60.4

(2019年) (2020/21年版「日本国勢図会」)

(1)	平野		記号	(2)	
(3)					

3 右のグラフを見て，次の問いに答えなさい。(5点×5)

(1) 鉄鋼業について，次の①・②の問いに答えなさい。

①鉄鋼の生産は，明治時代に設立された官営の製鉄所から始まった。この製鉄所を何といいますか。

②鉄鋼の割合が低下し，北九州工業地域の地位も低下したが，これは1960年代に進行したエネルギー革命と関係が深い。このとき，エネルギー資源は何から何へと転換しましたか。

(2) 輸送機械の割合の増大について，右の地図中の●に進出したのは，何を生産する工場ですか。

(3) 電子機器工場が進出している場所を，次の**ア〜エ**から2つ選び，記号で答えなさい。

ア 高速道路の沿線 **イ** 気温が低い地域
ウ 臨海部の埋め立て地 **エ** 空港の近く

九州地方の工業生産額の内訳の変化

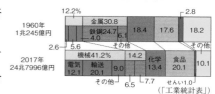

| 1960年 1兆245億円 | 金属30.8 | | | | |
| | 鉄鋼24.7 12.2% 4.0 6.1 | 18.4 | 17.6 | 18.2 | |

2.6 5.6 その他 2.8 その他

| 2017年 24兆7996億円 | 機械41.2% | | 化学 | 食品 | |
| 電気 12.1 | 輸送 20.1 | 9.0 14.2 | 13.4 | 20.1 | 10.1 |

その他 6.5 7.7 せんい1.0
(「工業統計表」)

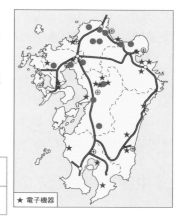

★ 電子機器

| (1) | ① | | ② | |
| (2) | | | (3) | |

4 次の文を読んで，あとの問いに答えなさい。(4点×6)

　沖縄には，a琉球王国時代から続く独自の文化やb美しい自然があり，多くの観光客が訪れている。c暖かい気候を生かした農業が行われているが，産業の中心は第 ① 次産業である。豊かな自然は沖縄の財産であるが，d生活に影響をおよぼすこともある。
　1972年に本土復帰したのちも残る ② 軍の基地の存在も，解決すべき課題である。

(1) 文中の①・②にあてはまる数字や語句を答えなさい。

(2) 下線部**a**にあてはまらないものを次の**ア〜エ**から1つ選び，記号で答えなさい。

ア 島唄 **イ** エイサー **ウ** ねぶた祭り **エ** 三線

(3) 下線部**b**について，さんご礁の海岸が減少する問題と関係の深いものを次の**ア〜エ**から1つ選び，記号で答えなさい。

ア 急激な高齢化の進行 **イ** 道路の建設やリゾート開発
ウ 食料自給率の低下 **エ** 国内産業の空洞化

(4) 下線部**c**について，近年，栽培が増えている農作物を次の**ア〜エ**から1つ選び，記号で答えなさい。

ア りんご **イ** 茶 **ウ** てんさい **エ** 菊

(5) 下線部**d**について，右の写真は，沖縄など南西諸島の伝統的な住居である。このような住居には，どんな工夫が見られるか。「台風」という語句を用いて，簡単に答えなさい。

| (1) | ① | | ② | | (2) | | (3) | |
| (4) | | (5) | | | | | | |

2 中国・四国地方

STEP 1 要点チェック

テスト1週間前から確認!

1 中国・四国地方の自然と交通網の整備

① 地形…**中国山地**と**四国山地**，瀬戸内海に多くの島々。
　　　　　　　　　　　　　　　　└険しい山地

② 気候…**山陰**は日本海側の気候，**瀬戸内**は降水量の少ない
　　　　　　　　　　　　　　　　　　└山地が季節風をさえぎる，ため池で農業用水
　瀬戸内の気候，南四国は太平洋側の気候。

③ 広島市…**地方中枢都市**，政令指定都市。平和記念都市。
　　　　　　　　　　　　　　└1945年8月6日に原子爆弾が投下

④ 交通網の整備…中国自動車道や山陽自動車道などの高速
　道路。**瀬戸大橋**などの**本州四国連絡橋**が開通。**おぼえる!**
　　　　└児島・坂出ルート　└ほか尾道・今治ルート，神戸・鳴門ルート

● 地域の変化…大都市へ人が吸い寄せられる**ストロー現象**。

2 中国・四国地方の産業と過疎化

① 農業…鳥取砂丘でらっきょう・メロンの栽培，**高知平野**
　　　　　　　└とっとりさきゅう　　　　　　　　　　　└こうち
　で野菜の**促成栽培**，鳥取県でなし，愛媛県でみ
　　　　　　└そくせい　　　　　　　　　　　└えひめ
　かん，岡山県でぶどう・ももの果樹栽培，広島
　　　　　└おかやま　　　　　　　　　　　　└ひろしま
　湾で**かき**の養殖。
　└わん　　　└ようしょく　└マスカットなどの品種

② 工業…塩田跡地や埋め立て地に工業用地を整備。

● **瀬戸内工業地域**…海上輸送で発達。倉敷市水島
　　　　　　　　　　　　　　　　　　　└くらしき　└みずしま
　や周南市に**石油化学コンビナート**を形成。鉄鋼
　└しゅうなん　　　　　　　　　　　　　　　　　└てっこう
　業。広島市周辺に自動車工業。**よくでる**

● 中国山地の工業…高速道路の開通で，工業団地や流通センターが進出。
　└かそ

③ 過疎化…山間部や離島で進行。**高齢化の進行**。**町おこし・村おこし**で地域活性化をはかる。
　└かそ　　　　　　　　　└こうれい
　　　└若い世代が進学や就職で都市へ流出

▼中国・四国地方の地形

隠岐　宍道湖　鳥取県　島根県　岡山平野　讃岐平野　中国山地　岡山県　広島県　広島平野　香川県　徳島県　山口県　愛媛県　高知県　吉野川　瀬戸内海　四国山地　宇和海　高知平野　四万十川　黒潮〔日本海流〕

▼瀬戸内工業地域の工業生産額の変化

	金属	機械	化学	食料品	せんい	その他
1960年 1.2兆円	14.1%	21.6	27.3	10.8	10.3	15.9
2017年 30.7兆円	18.6%	35.2	21.9	8.1	2.1	14.1

(2020/21年版「日本国勢図会」ほか)

テストの**要点**を書いて確認　空欄にあてはまる言葉を書こう

別冊解答 P.24

● 中国・四国地方の自然と産業

① [　　　]山地
…なだらかな山地

② [　　　]
…日本最大の内海

高知平野…野菜の
③ [　　　]栽培

④ [　　　]砂丘
…砂地でらっきょうなどを栽培

⑤ [　　　]
…児島・坂出ルート

⑥ [　　　]山地
…険しい山地

基本問題

テスト
5日前
から確認！

別冊解答 P.24

得点

／100点

1 右の地図を見て，次の問いに答えなさい。(5点×9)

(1) 地図中の①〜④の山地・河川・海の名前を
答えなさい。

① [山地]   ② [山地]

③ [川]   ④ [   ]

(2) 地図中の a 〜 c の都市の気候の特色を，次
から1つずつ選び，記号で答えなさい。

ア 一年を通じて降水量が少ない。

イ 温暖で，夏に雨が多い。   ウ 冬は雪や雨が多く降る。

a [   ]   b [   ]   c [   ]

(3) 地図中の d の都市について，①・②にあてはまる語句を答えなさい。

「1945年8月6日，アメリカ軍に ① を投下され，多数の人命が
失われたが，戦後は ② 都市として平和をうったえている。」

① [   ]   ② [   ]

2 右の地図を見て，次の問いに答えなさい。(8点×5)

(1) 地図中の A 〜 C の県でさかんに栽培されている果実を，次のア〜オ
から1つずつ選び，記号で答えなさい。

A [   ]   B [   ]   C [   ]

ア みかん   イ りんご   ウ なし

エ パイナップル   オ ぶどう

(2) 地図中の D の平野の農業について，次の文
中の①・②にあてはまる語句を答えなさ
い。「暖かい気候を利用して，① や温室などの施設を利用した
野菜の ② 栽培が中心になっている。」

① [   ]   ② [   ]

3 右の地図を見て，次の問いに答えなさい。(5点×3)

(1) 地図中の A の地域の臨海部に形成されている工業地域を何といいま
すか。 [   ]

(2) 石油化学コンビナートがある倉敷市水
島の位置を，地図中のア〜エから1つ
選び，記号で答えなさい。 [   ]

(3) 地図中の B の高速道路沿いには，工業
団地や流通センターが進出している。
B の高速道路を何といいますか。

[   ]

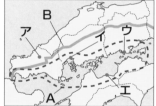

第5章
2
中
国
・
四
国
地
方

1
(2) 中国・四国地方の山陰
は日本海側の気候，瀬戸内
は瀬戸内の気候，南四国は
太平洋側の気候。瀬戸内は，
冬の北西風は中国山地に，
夏の南東風は四国山地にさ
えぎられる。

(3) d は広島市。中国地方
の政治・経済・文化の中心
で，人口100万人をこえる
政令指定都市。

2
(1) A は鳥取県，B は岡山
県，C は愛媛県。

(2) この平野は高知平野。
①施設園芸農業という。
②なすやピーマンを，ほか
の産地の出荷が少ない，冬
から春に栽培している。

3
(2) 石油精製工場，製鉄所
や火力発電所などが港の近
くに集まり，パイプライン
でつながっている。

(3) 中国山地を東西に走る
高速道路。なお，瀬戸内海
の沿岸を走る高速道路は山
陽自動車道という。

1 右の地図を見て，次の問いに答えなさい。(5点×7)

(1) 地図中の**A・B**の山地のうち，険しい山地はどちらか。その山地名を答えなさい。

(2) 地図中の①～③の都市の気温と降水量のグラフを，右下の**ア**～**ウ**から1つずつ選び，記号で答えなさい。

(3) 次の文があてはまる都市を，地図中の**ア**～**エ**から1つ選び，記号で答えなさい。また，その都市名を答えなさい。

　「政令指定都市であり，国の機関の支所や企業の支店が置かれ，中国・四国地方の地方中枢都市でもある。」

(4) 地図中の**A・B**の山地の山間部で生じている問題として，誤っているものを次の**ア**～**ウ**から1つ選び，記号で答えなさい。

　ア 鉄道やバスの路線が廃止されている。

　イ 住宅不足や交通渋滞が深刻である。

　ウ 若い世代が減り高齢化が進んでいる。

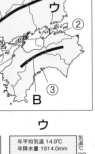

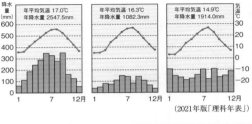

ア　年平均気温 17.0℃　年降水量 2547.5mm
イ　年平均気温 16.3℃　年降水量 1082.3mm
ウ　年平均気温 14.9℃　年降水量 1914.0mm

(2021年版「理科年表」)

(1)			(2)①		②		③	
(3)	記号		都市名		(4)			

2 右の地図を見て，次の問いに答えなさい。(4点×6)

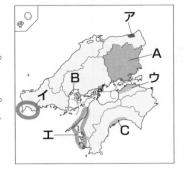

(1) 次の①～③の文があてはまる地域を，地図中の**ア**～**エ**から1つずつ選び，記号で答えなさい。

　① 日あたりのよい段々畑で，みかんの栽培がさかんである。

　② 水不足対策として，古くからため池がつくられてきた。

　③ 砂地をかんがいして，らっきょうなどの栽培に成功した。

(2) 地図中の**A**の県は，ある果物の栽培がさかんで，マスカットなどの品種が有名である。この果物は何ですか。

(3) 地図中の**B**の湾で養殖されているものを，次の**ア**～**エ**から1つ選び，記号で答えなさい。

　ア のり　**イ** ほたて貝　**ウ** こんぶ　**エ** かき

(4) 地図中の**C**の平野では，なすやピーマンの促成栽培がさかんである。促成栽培を行う利点を，「ほかの産地」という語句を用いて，簡潔に答えなさい。

(1)①		②		③		(2)	
(3)		(4)					

3 次の文を読んで，あとの問いに答えなさい。(5点×5)

　　a瀬戸内工業地域は，関連工場をパイプラインで結んだ　①　が埋め立て地に建設され，全体としてb臨海部に立地する工業地域である。他方，内陸部のc中国自動車道の沿線には　②　が進出し，機械工業が成長している。

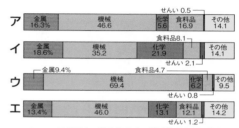

※ア～エは,瀬戸内工業地域,中京工業地帯,北九州工業地域,全国のいずれかである。
(2017年) (2020/21年版「日本国勢図会」)

(1) 文中の①・②にあてはまる語句を答えなさい。

(2) 下線部aの工業生産額の内訳を，右のグラフ中のア～エから1つ選び，記号で答えなさい。

(3) 下線部bについて，この地域の港の輸入品は石油や石炭，輸出品は鉄鋼が多い。臨海部に工業地域が立地している理由を，簡単に答えなさい。

(4) 下線部cについて，中国自動車道や，瀬戸内と山陰を結ぶ浜田自動車道や米子自動車道などの開通による影響として，正しいものを次のア～エから1つ選び，記号で答えなさい。

　ア　鳥取県や島根県の人口が大幅に増加した。

　イ　山陰の内陸部にアメリカの基地が移転した。

　ウ　山陰の平野で米の二期作がさかんになった。

　エ　山陰を訪れる観光客数が増加した。

(1)	①		②		(2)	
(3)					(4)	

4 交通網の整備と地域の変化について，次の問いに答えなさい。(4点×4)

(1) 1988年に開通した岡山県倉敷市と香川県坂出市を結ぶ橋を，右の地図中のア～エから1つ選び，記号で答えなさい。また，この鉄道・道路共用の橋を何といいますか。

(2) 右のグラフから読み取れることがらとして正しいものを，次のア～エから1つ選び，記号で答えなさい。

　ア　2016年度の輸送客数は，1998年度の3倍である。

　イ　輸送客数の伸びが最も大きいのは，2008年から2010年の期間である。

　ウ　地域別で見ると，四国地方と近畿地方を結ぶ高速バスの路線の客数が最も多い。

　エ　関東地方の都市への高速バスの輸送客数は，年々減少している。

本州・四国間の高速バスの輸送客数の変化

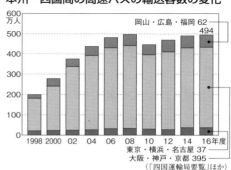

東京・横浜・名古屋 37
大阪・神戸・京都 395
(「四国運輸局要覧」ほか)

(3) 交通網の整備により，四国地方ではストロー現象が見られるようになった。これはどのような人口の移動現象か，簡単に答えなさい。

(1)	記号		橋の名		(2)	
(3)						

3 近畿地方

STEP 1 要点チェック

テスト1週間前から確認!

1 近畿地方の自然と産業

① **地形**…**紀伊山地**。**琵琶湖**→**赤潮**の発生，水質改善の取り組み。**若狭湾**と**志摩半島**はリアス海岸。

② **気候**…南部は暖流の**黒潮**〔**日本海流**〕の影響で降水量が多い。
└三重県尾鷲市や和歌山県の潮岬は年間降水量が特に多い地域

③ **農業**…大都市の郊外で，新鮮な野菜を栽培する**近郊農業**がさかん。

④ **林業**…紀伊山地で「**吉野すぎ**」「**尾鷲ひのき**」。環境林の役割。
└地球温暖化を防ぐ

⑤ **工業**…大阪を中心に姫路から和歌山まで**阪神工業地帯**が広がる。内陸部に**中小工場**が多い。臨海部の再開発が進む。

● **環境保全**…<u>地盤沈下</u>。騒音や振動は条例で規制。
└地下水のくみ上げすぎによる
近年は工業用水のリサイクルが進む

▼近畿地方の地形

若狭湾　京都盆地　琵琶湖
丹波高地
兵庫県　京都府　滋賀県　淀川
大阪平野　　　三重県　英虞湾
大阪湾　　　　奈良盆地
淡路島　奈良県　　志摩半島
阪神・淡路大震災〔兵庫県南部地震〕の震源
和歌山県　尾鷲市
紀伊半島　紀伊山地

2 大阪大都市圏と古都の景観保全

① **大阪〔京阪神〕大都市圏**…**大阪**を中心に広がる三大都市圏の1つ。神戸や京都などと私鉄で結ばれる。**おぼえる!**
└江戸時代に「天下の台所」，卸売業
└阪神・淡路大震災で被害
人工島のポートアイランドや神戸空港

● **人口移動**…郊外の住宅地から中心部へ通勤・通学，中心部は**昼間人口**が多く，**夜間人口**は少ない。

● **郊外**…過密解消で**ニュータウン**を建設，現在は住民の**少子高齢化**や建物の**老朽化**が課題。
└千里や泉北，約50年前に開発

② **古都の景観保全**…奈良の**平城京**，京都の**平安京**，文化財や，**世界(文化)遺産**。

● **伝統工芸・伝統文化**…**西陣織**などの**伝統的工芸品**。和食や祇園祭などの伝統文化。
└ユネスコ無形文化遺産に登録されている

● **景観保全**…歴史的景観を損なうことのない都市の開発をめざし，**条例**を制定。**よくでる**
└建物の高さやデザイン，店の看板や屋外広告を規制

▼阪神工業地帯の工業生産額

（工業生産額は4人以上の事業所）

	金属	機械	化学	食料品	せんい	その他
1960年 3.2兆円	26.6%	26.7	9.1	9.8	12.0	15.8
2017年 33.1兆円	20.7%	36.9	17.0	11.0		13.1

1.3
(2020/21年版「日本国勢図会」ほか)

テストの**要点**を書いて確認　空欄にあてはまる言葉を書こう

別冊解答 P.26

● 近畿地方の自然と都市・産業

① [　　　]川…近畿地方の水の供給源

② [　　　]市…江戸時代は「天下の台所」，卸売業がさかん

③ [　　　]半島…リアス海岸

④ [　　　]山地…険しい山地，温暖で雨が多い

⑤ [　　　]…日本最大の湖

⑥ [　　　]市…古都，平安京。西陣織などの伝統的工芸品

⑦ [　　　]市…古都，平城京

STEP
2
基本問題

テスト
5日前
から確認!

別冊解答 P.26

得点

／100点

1 右の地図を見て，次の問いに答えなさい。(6点×6)

(1) 地図中の①～④の高地・山地・河川・湖
の名前を答えなさい。

① [高地] ② [山地]
③ [川] ④ [湖]

(2) 地図中の a・b の地域の海岸に共通して
見られる，出入りの多い複雑な海岸線の
地形を何といいますか。[   ]

(3) 夏は高温で雨がたいへん多く，冬も温暖な気候の都市を地図中のア
～ウから1つ選び，記号で答えなさい。   [   ]

2 右の地図を見て，次の問いに答えなさい。(7点×7)

(1) 地図中の A～D の都市の説明を，次のア～
エから1つずつ選び，記号で答えなさい。
ア 人工島のポートアイランドがある。
イ 明治時代初めまで日本の都だった。
ウ 8世紀に平城京の都がつくられた。
エ 江戸時代は「天下の台所」とよばれ，
今も商業がさかんである。

A [   ] B [   ] C [   ] D [   ]

(2) 地図中の A・B の都市に多く残されている，寺社・美術品や祭礼な
どの有形・無形の財産を何といいますか。   [   ]

(3) 地図中の B～D の都市からなる大都市圏を何といいますか。
[   ]

(4) 次の文中の (   ) にあてはまる適切な語句を答えなさい。
「C の都市は，郊外から通勤・通学者が通ってくるので，(   )
人口が多くなる。」   [   ]

3 次の問いに答えなさい。(5点×3)

(1) 次の文中の①・②にあてはまる語句を答えなさい。
大阪湾の沿岸に形成されている ① 工業地帯は，内陸部に高
い技術をもつ ② 工場が集まっていることが特色である。

① [   ] ② [   ]

(2) 西陣織・京友禅など，古くから伝わる技術を生かして生産され，経
済産業大臣が指定した工芸品を何といいますか。[   ]

1
(1) ①中国山地から続くな
だらかな高地。
③この川は，④の湖から流
れ出て大阪湾に注ぐ。
④近江盆地(おうみぼんち)にある日本最大
の湖。
(2) a は若狭湾沿岸，b は
志摩半島(しまはんとう)。
(3) 近畿地方(きんき)の北部は日本
海側の気候，南部は太平洋
側の気候。

2
(1) ア のポートアイランド
には，商業施設や先端医療
の施設が集まっている。
(2) 古都の多い近畿地方に
は，たくさん残されている。
(3) 東京大都市圏(とうきょう)に次いで
人口が集中している。早く
から私鉄が発達し，ターミ
ナル駅には百貨店がつくら
れた。

3
(1) ②高い技術を持ち，ロ
ケットの部品を生産する工
場もある。
(2) 地域に伝わる技術や材
料を生かしたものが多い。

得点アップ問題

テスト
3日前
から確認！

別冊解答 P.26

得点

／100点

1 右の地図を見て，次の問いに答えなさい。((4) 6点，他4点×5)

（1）リアス海岸の地形が見られる地域を，地図中の**ア〜オ**から2つ選び，記号で答えなさい。

（2）地図中の**A**の湖の説明として，誤っているものを次の**ア〜エ**から1つ選び，記号で答えなさい。

　ア 滋賀県にある。　　　　**イ** かつて赤潮が発生した。

　ウ 日本最大の湖である。　**エ** 中部地方へ水を供給している。

（3）地図中の**B・C**の都市の気温と降水量のグラフを，右の**ア〜ウ**から1つずつ選び，記号で答えなさい。

（4）地図中の**D**の地域には森林が多い。持続可能な未来を目指した「環境林」としての森林の役割の1つを，「二酸化炭素」という語句を用いて，簡潔に答えなさい。

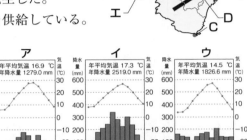

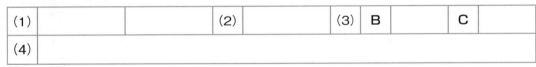

（2021年版「理科年表」）

(1)			(2)		(3)	B		C	
(4)									

2 次のA・Bの文を読んで，あとの問いに答えなさい。(4点×6)

　A． 江戸時代は全国の金融・商業の中心地で，現在も衣類などの ① 街がみられる。郊外の a住宅地から通勤・通学する人が多く，昼間の人口が夜間の人口を大きく上回る。

　B． 日本を代表する港湾都市であるが，1995年には ② によって大きな被害を受けた。丘陵地をけずって住宅地を造成し，その土を利用して1981年に b人工島がつくられた。

（1）文中の①・②にあてはまる語句を答えなさい。

（2）**A・B**にあてはまる都市を，右の地図中の**ア〜カ**から1つずつ選び，記号で答えなさい。

（3）下線部 a について，千里や泉北など計画的に建設された都市を何というか，カタカナで答えなさい。

（4）下線部 b を何といいますか。

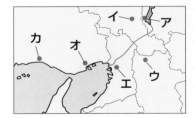

(1)	①		②			(2)	A		B	
(3)				(4)						

3 次の資料を見て，あとの問いに答えなさい。(4点×5)

資料1　阪神工業地帯の工業生産額の変化

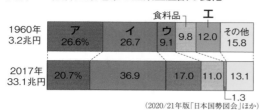

			食料品	エ	
1960年 3.2兆円	**ア** 26.6%	**イ** 26.7	**ウ** 9.1	9.8	12.0	その他 15.8
2017年 33.1兆円	20.7%	36.9	17.0	11.0	13.1

1.3

(2020/21年版「日本国勢図会」ほか)

資料2　大阪府の工業用水の水源

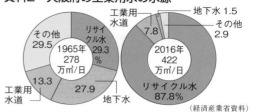

地下水 1.5

その他 2.9

工業用水道 7.8

その他 29.5

リサイクル水 29.3%

1965年 278 万㎥/日

工業用水道 13.3

27.9

地下水

2016年 422 万㎥/日

リサイクル水 87.8%

(経済産業省資料)

(1) 機械工業にあてはまるものを，**資料1**中の**ア～エ**から1つ選び，記号で答えなさい。

(2) 阪神工業地帯の説明として，正しいものを次の**ア～エ**から1つ選び，記号で答えなさい。

　ア　八幡製鉄所を中心に発展した。　　**イ**　水島などにコンビナートが形成されている。

　ウ　工業生産額は全国最大である。　　**エ**　内陸部に数多くの中小工場が集まっている。

(3) **資料2**について，次の文中の①にあてはまる語句を答えなさい。また，②・③から正しいものを1つずつ選び，記号で答えなさい。

「阪神工業地帯では，工業用水として地下水をくみ上げて利用したため，　①　　が発生した。そこで，大阪府は工業用水のリサイクルを進め，その結果，2016年のリサイクル水の使用量は1965年の約②〔**ア**　2　　**イ**　5　　**ウ**　10〕倍になった。また，工場から出る騒音や振動の対策として③〔**エ**　条約　**オ**　条例〕で規制している。

(1)		(2)		(3) ①			②		③	

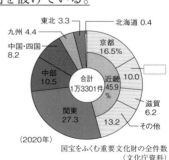

4 次の文を読んで，あとの問いに答えなさい。(5点×6)

　　a京都は古都とよばれ，b文化財が多く，ユネスコの　①　にも登録されている。西陣織などの　②　でも知られ，町のc建物のデザインなどに規制を設けている。

(1) 文中の①・②にあてはまる語句を答えなさい。

(2) 下線部aにかつて置かれた都を何といいますか。

(3) 下線部bについて，右のグラフは，地方別の重要文化財の数を示している。次の①・②の問いに答えなさい。

　① グラフ中の　□　にあてはまる府県名を答えなさい。

　② グラフから読みとれることがらとして，正しいものを次の**ア～エ**から1つ選び，記号で答えなさい。

　ア　全国の文化財の約4分の1が近畿地方にある。

　イ　滋賀県の文化財の数は，東北地方より少ない。

　ウ　京都府の文化財の数は2000件をこえている。

　エ　近畿地方の次に文化財が多いのは九州地方である。

東北 3.3

九州 4.4

北海道 0.4

中国・四国 8.2

京都 16.5%

中部 10.5

合計 1万3301件

近畿 45.9%

10.0

関東 27.3

13.2

滋賀 6.2

その他

(2020年)

国宝をふくむ重要文化財の全件数

(文化庁資料)

京都市内にあるコンビニエンスストア

(4) 下線部cの目的を，右の写真を参考にして，簡単に答えなさい。

(1) ①		②		(2)	
(3) ①		②		(4)	

4 中部地方

STEP 1 要点チェック

テスト 1週間前 から確認！

1 中部地方の自然と都市

① 地形…**飛驒山脈**，**木曽山脈**，**赤石山脈**の「**日本アルプス**」。
日本最長の**信濃川**の下流域に越後平野。濃尾平野に輪中。
└木曽川・長良川・揖斐川の下流域の低湿な土地┘

② 気候…北陸は冬は季節風の影響で雪が多く降る日本海側の
気候，**中央高地**は内陸の気候，**東海**は太平洋側の気候。
└湿った北西風┘

③ **名古屋大都市圏**…名古屋は人口200万人以上の大都市。

2 中部地方の産業

① **東海の産業** おぼえる！

● 農業…渥美半島で施設園芸農業。茶やみかんの栽培。
└豊川用水，電照菊の栽培┘

● 工業…中京工業地帯は，**豊田の自動車工業**，四日市
の石油化学工業。**東海工業地域**は，浜松でオートバ
└石油化学コンビナート，四日市ぜんそく┘
イや楽器，富士で製紙・パルプ工業。

② **中央高地の産業**

● 農業…甲府盆地でぶどう・もも，高冷地で抑制栽培。
└八ヶ岳や浅間山の山ろく，レタス┘

● 工業…製糸業から精密機械工業，近年は電気機械工業。
└中央自動車道が開通 電子部品の工場などが進出┘

③ **北陸の産業**

● 農業…土地改良。水田単作地帯。早場米。銘柄米の
└魚沼のコシヒカリなど┘
生産。

● 工業…雪どけ水を生かした金属・化学工業。**伝統産業**や**地場産業**がさかん。
└輪島塗や加賀友禅 などの伝統的工芸品┘ └福井県鯖江市の眼鏡フレーム┘

▼中部地方の地形

新潟県
佐渡島　越後平野
能登半島　信濃川
富山平野
石川県　長野盆地
飛驒山脈　富山県　長野県　赤石山脈
諏訪盆地　甲府盆地
木曽川　岐阜県
福井県　木曽山脈　山梨県
濃尾平野　天竜川　富士山
渥美半島　愛知県　静岡県
牧ノ原

▼おもな農産物の生産量割合

茶 計8.2万t	静岡 36.1%	鹿児島 34.3		三重 7.2／宮崎 4.3	その他 14.6
ぶどう 計17.2万t	山梨 21.4%	長野 18.4	山形 9.5	岡山 9.1／福岡 4.4／京都 3.5	その他 37.2
もも 計10.8万t	山梨 28.5%	福島 25.0	長野 11.1	山形 8.7／和歌山 6.6	その他 20.1
レタス 計57.8万t	長野 34.2%	茨城 14.9	群馬 8.9	長崎 6.2／兵庫 5.2	その他 30.6

(2019年)(2021年版「データでみる県勢」)

テストの 要点 を書いて確認　空欄にあてはまる言葉を書こう

別冊解答 P.27

● 中部地方の自然と都市・産業

① ［　　　　　］
…飛驒・木曽・赤石山脈

② ［　　　　　］市…人口200万人
以上，大都市圏を形成

③ ［　　　　　］工業地帯
…日本最大の工業地帯

④ ［　　　　　］川…日本最長の
川，下流に越後平野

高冷地…
野菜の⑤［　　　　　］栽培

⑥ ［　　　　　］盆地
…ぶどう・ももの栽培

⑦ ［　　　　　］半島
…施設園芸農業がさかん

別冊解答 P.27

テスト 5日前 から確認!

得点 ／100点

1 右の地図を見て，次の問いに答えなさい。(6点×8)

(1) 地図中の①〜⑤の山脈・平野の名前を答えなさい。
　① [　　　　　 山脈]
　② [　　　　　 山脈]　③ [　　　　　 山脈]
　④ [　　　　　 平野]　⑤ [　　　　　 平野]

(2) 冬に降水量が多い都市を，地図中の**ア〜ウ**から１つ選び，記号で答えなさい。
　　　　　　　　　　　　　　　　[　　　　]

(3) 地図中の**A**の都市を中心に形成されている大都市圏を何といいますか。[　　　　　　　]

(4) 中部地方を３つの地域に区分すると，地図中の**B・C・D・E**の県は何地域に区分されますか。[　　　　　]

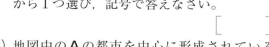

2 次の問いに答えなさい。(7点×4)

(1) 伊勢湾沿岸の臨海部を中心に形成されている工業地帯を何といいますか。また，この工業地帯で特にさかんな工業を，次の**ア〜エ**から１つ選び，記号で答えなさい。[　　　　] [　　]
　ア 鉄鋼業　**イ** 製紙業　**ウ** 化学工業　**エ** 自動車工業

(2) 静岡県の太平洋沿岸に形成されている工業地域を何といいますか。
　　　　　　　　　　　　[　　　　　　　]

(3) キャベツの栽培や菊・メロンの施設園芸農業がさかんな半島を，次の**ア〜エ**から１つ選び，記号で答えなさい。[　　]
　ア 志摩半島　**イ** 渥美半島　**ウ** 伊豆半島　**エ** 知多半島

3 右の地図を見て，次の問いに答えなさい。(6点×4)

(1) 地図中の**A・B**の平野では，米だけをつくっている。このような農業を何といいますか。[　　　　　]

(2) 地図中の**C**の都市で生産されている，伝統的工芸品の漆器を何といいますか。[　　　　　]

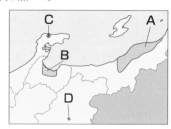

(3) 地図中の**D**の盆地について，次の文中の①・②にあてはまる語句を答えなさい。　① [　　　　]　② [　　　　]
　「第二次世界大戦後，時計・カメラなどの ① 工業が発達したが，1980年代以降は，高速道路の開通にともない ② 工業が進出した。」

1
(1) ①〜③をまとめて日本アルプスという。
(2) 中部地方の気候は，北陸が日本海側の気候，中央高地が内陸の気候，東海が太平洋側の気候。
(3) **A**は名古屋市。大企業の本社や政府の出先機関が置かれている。
(4) 日本海に面している地域である。冬に雪が多く降る。

2
(1) 豊田，岡崎，鈴鹿などでさかんである。
(2) 浜松・静岡・富士などの都市からなる。東名高速道路など，陸上交通の便がよい。
(3) **イ**と**エ**は愛知県，**ウ**は静岡県にある半島。

3
(1) **A**は越後平野，**B**は富山平野。
(2) **C**は輪島市。
(3) **D**は諏訪盆地。第二次世界大戦前は養蚕地を背景に，生糸を生産する製糸業がさかんであった。

STEP 3 得点アップ問題

1 右の地図を見て，次の問いに答えなさい。(4点×7)

(1) 地図中の**A**は日本アルプスとよばれている。これにふくまれない
山脈を次の**ア～エ**から１つ選び，記号で答えなさい。
ア 赤石山脈　**イ** 木曽山脈　**ウ** 越後山脈　**エ** 飛驒山脈

(2) 地図中の**B**の平野名を答えなさい。また，この平野を流れている
河川を次の**ア～エ**から１つ選び，記号で答えなさい。
ア 信濃川　**イ** 天竜川　**ウ** 富士川　**エ** 木曽川

(3) 地図中の①～③の都市の気温と降水量のグラフを，下の**ア～ウ**か
ら１つずつ選び，記号で答えなさい。

(4) 次の文があてはまる都市を，地図中の**ア～エ**
から１つ選び，記号で答えなさい。
「人口200万人をこえる大都市。東京・大阪に
ならぶ三大都市圏の１つを形成している。」

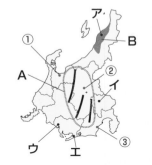

(2021年版「理科年表」)

(1)		(2)	平野				
(2)	記号	(3) ①		②		③	(4)

2 右の地図を見て，次の問いに答えなさい。(4点×5)

(1) 地図中の中京工業地帯の工業生産額の内訳を，右下のグラフ中の**ア～エ**から１つ選び，記
号で答えなさい。

(2) 次の①・②にあてはまる都市を，地図中の**ア～オ**から
１つずつ選び，記号で答えなさい。
① 大規模な石油化学コンビナートがあるが，かつて
深刻な公害病が発生した。
② 楽器やオートバイの生産がさかんである。

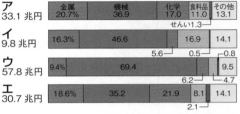

中京工業地帯

• 自動車部品工場

(3) 地図中の**A**の都市は，日本最大の自動車工業
都市である。この都市名を答えなさい。

(4) 地図を見ると，**A**の都市の周辺に自動車部品
工場が集まっている。その理由を簡単に答え
なさい。

ア 33.1兆円　金属 20.7%　機械 36.9　化学 17.0　食料品 11.0　その他 13.1　せんい1.3

イ 9.8兆円　16.3%　46.6　16.9　14.1　5.6　0.5

ウ 57.8兆円　9.4%　69.4　6.2　9.5　4.7　0.8

エ 30.7兆円　18.6%　35.2　21.9　8.1　14.1　2.1

(2017年) (2020/21年版「日本国勢図会」)

(1)		(2) ①		②		(3)	
(4)							

3 次の文を読んで，あとの問いに答えなさい。(4点×6)

　　諏訪湖周辺では，第二次世界大戦前は ①　が発達していたが，戦後は ②　がさかんになり，1980年代以降はa電気機械工業が成長している。農業では，b高冷地で野菜栽培がさかんである。北陸はc米の産地であるとともに，d各地で地場産業も発達している。

(1) 文中の①・②にあてはまる工業を，次のア～オから1つずつ選び，記号で答えなさい。

　　ア　鉄鋼業　　イ　精密機械工業　　ウ　造船業　　エ　石油化学工業　　オ　製糸業

(2) 下線部aと最も関係が深いものを次のア～エから1つ選び記号で答えなさい。

　　ア　中部国際空港が開港した。　　　　イ　リニア中央新幹線が開通した。
　　ウ　中央自動車道が開通した。　　　　エ　黒部川に大規模なダムが建設された。

(3) 下線部bの高冷地での野菜栽培が有利である理由を，下のグラフを参考にして，簡単に答えなさい。

(4) 下線部cについて，北陸では秋の早い時期に出荷されていた。このような米を何といいますか。

(5) 下線部dについて，眼鏡フレーム製造がさかんな都市を次のア～エから1つ選び，記号で答えなさい。

　　ア　燕（つばめ）　イ　輪島（わじま）　ウ　高岡（たかおか）　エ　鯖江（さばえ）

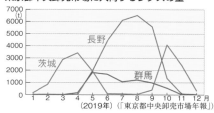

東京都中央卸売市場に入荷するレタスの量

長野　茨城　群馬

(2019年)(「東京都中央卸売市場年報」)

(1)	①		②		(2)		(3)	

					(4)		(5)	

4 右の地図を見て，次の問いに答えなさい。(4点×7)

(1) 地図中のAの平野の農業の説明として，誤っているものを次のア～エから1つ選び，記号で答えなさい。

　　ア　コシヒカリなどの銘柄米（めいがらまい）が有名である。
　　イ　二毛作がさかんで，麦類や菜種などが栽培されている。
　　ウ　堤防や放水路が整備され，水が有効に利用されている。
　　エ　耕地にしめる水田の割合が，全国平均よりも高い。

(2) 右下のグラフ中の①～③にあてはまる県を，地図中のア～ケから1つずつ選び，記号で答えなさい。

(3) 次の文を読んで，下の問いに答えなさい。

　　この半島は水不足になやまされていたが，a用水が引かれ，畑作がさかんになった。特に菊などのb施設園芸農業がさかんである。

（難）① この半島を，地図中のあ～えから1つ選び，記号で答えなさい。

　　② 下線部aの用水名を答えなさい。

（文章記述）③ 下線部bは，どのような農業か。簡単に説明しなさい。

		岡山 9.1		福岡 4.4	
ぶどう 計17.2万t	① 21.4%	② 18.4	山形 9.5		その他 37.2

		山形 8.7		和歌山 6.6	
もも 計10.8万t	① 28.5%	福島 25.0	② 11.1		その他 20.1

		宮崎4.3		京都3.5	
茶 計8.2万t	③ 36.1%	鹿児島 34.3	三重 7.2		その他 14.6

(2019年)(2021年版「データでみる県勢」)

(1)		(2)	①		②		③		(3)	①		②	

③													

5 関東地方

STEP 1 要点チェック

テスト1週間前から確認!

1 関東地方の自然，首都・東京

① 地形…<u>関東ローム</u>に覆われた**関東平野**。**利根川**。
　　火山灰の赤土　　　　　　　　　流域面積は日本最大
　よくでる

② 気候…大部分は太平洋側の気候，冬に**からっ風**。

● <u>ヒートアイランド現象</u>…周辺部より中心部が高温になる。
　高層ビルや舗装道路などの都市化の進展による

③ **首都・東京**…日本の**政治・経済・文化の中心地**。日本最大の消費地で，東京に**一極集中**。国際金融の**世界都市**。

④ **東京大都市圏**…日本の人口の約4分の1が集中。都心から放射状に鉄道がのび，郊外に**ニュータウン**を形成。
　　　　　　　　　　　　　　　　　　多摩ニュータウン

● 都心部の**過密**…通勤・通学者が多く，**昼間人口が多い**。交通渋滞，ごみ処理問題，地価の高騰などの問題。

● 都市機能の分散…再開発。**筑波研究学園都市**や**新都心**。

● **横浜市**…全国第2位の人口。国際貿易港。「みなとみらい21」。

⑤ **交通網**…東京が拠点。**東京国際空港〔羽田空港〕**，**成田国際空港**。
　　　　　　　　　　　　　　　　　千葉県成田市，貨物・旅客ともに日本最大の港（空港）

2 関東地方の産業

① 農業…都市向けの<u>近郊農業</u>。**嬬恋村**は**高原野菜**の**抑制栽培**。温暖
　　　　　　　　　　　　　東京周辺の県は野菜の生産がさかん　　キャベツやレタスなど
な気候の房総半島や三浦半島では1年を通して野菜・花の栽培。

② **工業**　おぼえる!

● **京浜工業地帯**…東京・神奈川・埼玉。東京は<u>印刷業</u>がさかん。
　　　　　　下請けの町工場も多い　　　　　　　　新聞社や出版社が多い

● **京葉工業地域**…千葉県。東京湾岸に**石油化学コンビナート**。

● 北関東工業地域…栃木・群馬・茨城。高速道路の整備により，内陸部に<u>工業団地</u>が進出。電気機械工業や自動車工業。**外国人労働者**の雇用も多い。
　　　　　　群馬県大泉町では，多くの日系ブラジル人が自動車の関連工場で働いている

▼関東地方の地形

越後山脈
浅間山
栃木県
茨城県
群馬県
関東平野
霞ケ浦
荒川
利根川
埼玉県
東京都
銚子港
関東山地
神奈川県
三浦半島　東京湾
千葉県
房総半島

▼東京都への集中

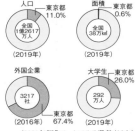

人口　東京都11.0%
全国1億2617万人（2019年）

面積　東京都0.6%
全国38万km²（2019年）

外国企業
3217社（2016年）　東京都67.4%

大学生　東京都26.0%
292万人（2019年）

（2021年版「データでみる県勢」ほか）

テストの 要点 を書いて確認　空欄にあてはまる言葉を書こう

別冊解答 P.29

● 関東地方の自然と都市・産業

群馬県嬬恋村…① ＿＿＿＿＿＿ の栽培

② ＿＿＿＿＿＿ 工業地域
…機械工業が発達

③ ＿＿＿＿＿＿ 湾…大部分が人工の海岸

④ ＿＿＿＿＿＿ 半島…暖かい気候を生かして野菜・花を栽培

⑤ ＿＿＿＿＿＿ 川
…流域面積が日本最大

⑥ ＿＿＿＿＿＿ 工業地帯
…臨海部に大工場，印刷業がさかん

⑦ ＿＿＿＿＿＿ 工業地域
…埋め立て地にコンビナート

⑧ ＿＿＿＿＿＿ 半島

STEP
2 基本問題

テスト
5日前
から確認！

別冊解答 P.29

得点

／100点

1 右の地図を見て，次の問いに答えなさい。(6点×6)

(1) 地図中の①〜④の平野・河川・湾の名前を答えなさい。

①[　　　　平野]　②[　　　　　　川]
③[　　　　　川]　④[　　　　　　湾]

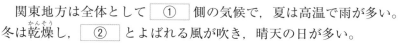

(2) 関東地方の気候の特色について，次の文中の①・②にあてはまる語句を答えなさい。

　　関東地方は全体として　①　側の気候で，夏は高温で雨が多い。冬は乾燥し，　②　とよばれる風が吹き，晴天の日が多い。

①[　　　　　　　]　②[　　　　　　　]

2 右の地図を見て，次の問いに答えなさい。(8点×4)

(1) 東京が政治の中心であることと最も関係が深いものを，次のア〜エから1つ選び，記号で答えなさい。[　　]

ア　国会議事堂　　イ　中央卸売市場
ウ　日本銀行　　　エ　東京国際空港

(2) 地図中のA〜Cなどに建設された，住宅を中心とする計画的な都市を何といいますか。[　　　　　　　　　]

(3) 次の①・②があてはまる都市を，地図中のア〜オから1つずつ選び，記号で答えなさい。　　①[　　]　②[　　]

①　東京から大学や研究所が移転して，研究学園都市がつくられた。

②　日本を代表する国際貿易都市で，人口は350万人以上である。

3 次の問いに答えなさい。(8点×4)

(1) 次の文の①・②にあてはまる語句を，下から1つずつ選びなさい。

　　京浜工業地帯では，機械工業や　①　がさかんである。北関東工業地域では，工業団地がつくられて　②　や自動車工業が進出した。

①〔製紙・パルプ工業　　窯業　　印刷業　　綿織物業〕
②〔鉄鋼業　　電気機械工業　　造船業　　石油化学工業〕

①[　　　　　　　]　②[　　　　　　　]

(2) 東京の周辺では，都市向けの野菜の栽培がさかんである。このような農業を何といいますか。[　　　　　　　　　]

(3) 関東地方の農業が畑作中心なのは，何という土に広く覆われているからですか。[　　　　　　　　　]

1
(1) ②流域面積が日本最大の川。
④海岸の大部分が埋め立てられ，自然のままの海岸はほとんど残っていない。
(2) 関東地方の大部分は，夏は高温で降水量が多く，冬は乾燥する。②の風をさえぎるため，北関東の内陸部では「屋敷森」とよばれる防風林が住居の北側と西側に植えられている。

2
(1) 最高裁判所や首相官邸などもある。
(2) 多摩・港北・成田・海浜などが建設され，多くの人が住んでいる。
(3) ①筑波研究学園都市のこと。
②横浜市のこと。人口は日本第2位である。

3
(1) ①東京に情報が豊富に集まるのが理由の1つ。
(2) 最近は都市化の進行にともなって，大都市周辺の農地は減少している。
(3) 火山灰が堆積してできた赤土。

第5章
5
関東地方

1 右の地図を見て，次の問いに答えなさい。(5点×5)

(1) 地図中の**A**の川について，次の文中の①から正しいものを
選び，②にあてはまる都市名を答えなさい。

　　①〔**ア** 日本最長　**イ** 流域面積が日本最大〕で，河
口付近には，日本有数の漁港を持つ ② 市がある。

(2) 地図中の**B**の都市の気温と降水量のグラフを，右下の**ア〜
エ**から1つ選び，記号で答えなさい。

(3) 次の①・②があてはまる地域を，地図中の**a〜e**から1つ
ずつ選び，記号で答えなさい。

① 夏でもすずしい気候を利用
して，キャベツの抑制栽培を
行っている。

② 冬でも暖かい気候を利用し
て，野菜・花を一年を通じて
栽培している。

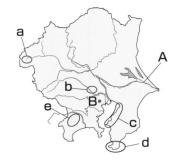

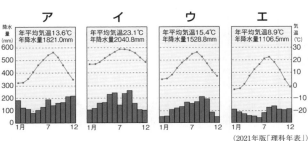

(2021年版「理科年表」)

(1)	①		②		(2)		(3)	①		②	

2 次の文を読んで，あとの問いに答えなさい。(6点×5)

　　a東京への一極集中にともなって，bさまざまな都市問題が深刻になり，さらに都市部
の気温が上昇する ① 現象も問題となっている。東京大都市圏では東京郊外や近隣の
県に移り住む人が多かったが， ② が進められた結果，都心に回帰する動きもみられる。

(1) 文中の①・②にあてはまる語句を答えなさい。

(2) 下線部**a**について，右の
グラフは東京への集中を
示しているが，誤ってい
るものがある。**ア〜エ**か
ら1つ選び，記号で答え
なさい。

外国企業
東京都
67.4%
3217
社
(2016年)

大学生
東京都
26.0%
292
万人
(2019年)

人口
東京都
11.0%
1億
2617
万人
(2019年)

面積
東京都
15.0%
38
万km²
(2019年)

(2021年版「データでみる県勢」ほか)

(3) 下線部**b**にあてはまるものを，次の**ア〜オ**から2つ選び，記号で答えなさい。

ア 鉄道・バス路線の廃止　　**イ** ごみの処理　　**ウ** 歴史的な景観の破壊
エ 公立学校や公立病院の閉鎖　　**オ** 朝夕の時間帯の通勤・通学ラッシュ

(1)	①		②		(2)		(3)	

3 右の地図を見て，次の問いに答えなさい。(6点×5)

(1) 次の文があてはまる都市を，**地図Ⅰ**中の**ア～エ**から１つ選び，記号で答えなさい。また，文中の◻◻にあてはまる語句を答えなさい。

「江戸時代末に開港して以来，日本を代表する国際貿易都市として成長している。近年は，臨海部の『◻◻』地区に国際会議場や商業施設などが集まっている。」

Ⅰ
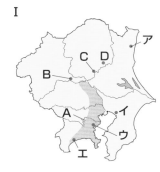

(2) **地図Ⅰ**中の**A**の工業地帯の特色を，次の**ア～エ**から１つ選び，記号で答えなさい。

ア 工業製品出荷額は日本最大である。
イ 高い技術をもった町工場も多い。
ウ 鉄鋼や石油化学の比重が高い。
エ 陶磁器などの地場産業がさかんである。

Ⅱ

(3) **地図Ⅰ**中の**B～D**の都市について，次の①・②の問いに答えなさい。

① これらの都市などがふくまれる工業地域を何といいますか。

_{文章}_{記述} ② **B～D**の都市で自動車や電気機械などの機械工業が発達した理由を，上の**写真Ⅱ**を参考にして，簡単に答えなさい。

(1)	記号	語句		(2)	
(3)	①		②		

第5章
5
関東地方

4 次の問いに答えなさい。(5点×3)

_{よく}_{でる} (1) 右の**資料Ⅰ**中の◻◻にあてはまる関東地方の都県名を答えなさい。

_{文章}_{記述} (2) **資料Ⅰ**のように，多くの野菜の生産量の上位県が関東地方の県でしめられている。関東地方の栽培地は，他の産地と比べて，どのような点が有利ですか。「消費地」「輸送費」という語句を用いて，簡単に答えなさい。

(3) **資料Ⅱ**は，関東地方の港（空港）の貿易品目である。この港（空港）を，次の**ア～エ**から１つ選び，記号で答えなさい。

ア 東京港 **イ** 成田国際空港 **ウ** 千葉港 **エ** 川崎港

Ⅰ
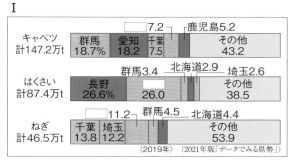

Ⅱ
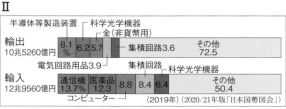

(1)		(2)	
(3)			

6 東北地方・北海道地方

STEP 1 要点チェック

テスト
1週間前
から確認!

1 東北地方の自然と産業

① 地形・気候…奥羽山脈，三陸海岸にリアス海岸。太平
洋側は，やませが吹くと冷害の原因になる。 **よくでる**
└親潮〔千島海流〕の影響を受けた冷たい北東風

② 伝統・文化…農業に関する行事，東北の夏祭りなど。
└青森ねぶた祭，秋田竿燈まつり，仙台七夕まつり

● 仙台市…城下町から発展。東北地方の地方中枢都市。

③ 農業…稲作，日本の**穀倉地帯**。青森の**りんご**，山形の
└日本の米の約4分の1を生産
さくらんぼ，福島の**もも**などの果樹栽培。 **おぼえる!**

④ 水産業…三陸沖の**潮境〔潮目〕**は好漁場。養殖業。
└三陸海岸でわかめ，こんぶ，陸奥湾でほたて

⑤ 工業…各県で**伝統的工芸品**，現代に合った製品づくり。
高速道路沿いに工業団地が進出，電気機械工業が発達。
└東北自動車道が開通，電子部品や電気機械，情報通信機器を
つくる工場が立地，近年は自動車工場や部品工場も進出

2 北海道地方の自然と産業

① 地形・気候…有珠山などの火山，洞爺湖は**カルデラ湖**。
冷帯〔亜寒帯〕。**濃霧**の発生。オホーツク海に**流氷**。
└太平洋側，寒流の親潮〔千島海流〕の影響

② 歴史…先住民族の**アイヌ**の人々。明治時代に**開拓使**。

● 札幌市…開拓の拠点として開発。**地方中枢都市**。

③ 農業…**客土**で土地改良した**石狩平野**で稲作，**十勝平野**
で大規模な畑作，**根釧台地**で酪農。 **よくでる**
└てんさい100%北海道産

④ 水産業…北洋漁業は衰退し，「**育てる漁業**」へ。
└釧路港など　　　　　　　└栽培漁業，養殖業

⑤ 工業…地元の資源を活用した**食料品工業**など。

⑥ 観光業…自然と観光の在り方を学ぶ**エコツーリズム**が注目されている。
└世界自然遺産の知床でさかん

▼東北・北海道地方の地形

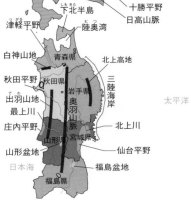

▼北海道の工業生産額の内訳

		パルプ・紙 6.2		輸送用機械 5.9	
		鉄鋼 6.5			
6兆 4136億円	食料品 34.8%	16.5			その他 30.1

石油・石炭製品┘ (2018年)(2021年版「データでみる県勢」)

テストの **要点** を書いて確認　　空欄にあてはまる言葉を書こう

別冊解答 P.30

●東北・北海道地方の自然と産業

① _____ 平野…大規模な畑作

② _____ 山脈…東北地方を東西
に分ける

③ _____ 平野…稲作がさかん
消費者に喜ばれる，おいしい銘柄米の開
発が進む，「はえぬき」など

④ _____ 台地
…日本最大の酪農地帯

⑤ _____ 平野
…りんごの栽培

三陸海岸… ⑥ _____
が発達し，漁港が多い

STEP
2
基本問題

テスト
5日前
から確認！

別冊解答 P.30

得点

／100点

1 右の地図を見て，次の問いに答えなさい。(5点×8)

(1) 地図中の①～⑤の山脈・河川・半島の名前を答えなさい。　① [　　　　　山脈]

② [　　　　　山脈]　③ [　　　　　川]

④ [　　　　　川]　⑤ [　　　　　半島]

(2) 地図中の a，b のうち，夏の平均気温が低い都市を記号で答えなさい。　[　　　　　]

(3) 地図中の A の都市に，明治時代に置かれた役所を何といいますか。　[　　　　　]

(4) 地図中の B 県の夏祭りを次から1つ選びなさい。[　　　　　]

〔ねぶた祭　竿燈まつり　七夕まつり　花笠まつり〕

2 右の地図を見て，次の問いに答えなさい。(5点×4)

(1) 地図中の A の平野では，「ひとめぼれ」などの銘柄米の栽培がさかんである。この平野名を答えなさい。

[　　　　　]

(2) 地図中の①・②の県が全国一の生産量の果物を，次のア～エから1つずつ選び，記号で答えなさい。

ア　みかん　　イ　りんご　　　　　① [　　　　　]

ウ　ぶどう　　エ　さくらんぼ　　② [　　　　　]

(3) 地図中の B の高速道路沿いには，電気機械などの工場が進出している。この高速道路を何といいますか。

[　　　　　]

3 右の地図を見て，次の問いに答えなさい。(8点×5)

(1) 地図中の A～C の平野・台地の農業の説明を，次から1つずつ選び，記号で答えなさい。

ア　牧草地が広がり，酪農がさかん。

イ　泥炭地を改良し，稲作地帯となった。

ウ　大規模な畑作で豆類などを栽培。

A [　　] B [　　] C [　　]

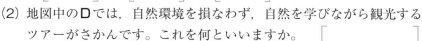

(2) 地図中の D では，自然環境を損なわず，自然を学びながら観光するツアーがさかんです。これを何といいますか。　[　　　　　]

(3) 北海道の空の玄関口である新千歳空港の位置を，地図中のア～エから1つ選び，記号で答えなさい。　[　　　　　]

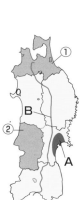

1

(1) ②この山脈を境に，東北地方を太平洋側と日本海側に分ける。

③信濃川，利根川に次ぐ長さで，北海道では最長。

⑤貴重な動植物がみられ，国立公園に指定されるとともに，世界（自然）遺産にも登録されている。

(2) 東北地方の太平洋側は，夏にやませとよばれる冷たい北東の風が吹く。

(3) A は札幌市。

(4) B は宮城県。

2

(1) 品種改良によって，寒さに強く，味もよい米がつくられるようになった。

(2) ①は青森県，②は山形県。東北地方は，水はけがよく，日あたりのよい扇状地で果樹栽培がさかんである。

(3) 交通の便がよい高速道路のインターチェンジ付近に工業団地を造成して，工場を誘致した。

3

(1) A は石狩平野，B は十勝平野，C は根釧台地。

(2) D は知床半島。自然との関わり方を考える観光の在り方である。

(3) 北海道の道庁所在地である札幌市に近い場所にある。

第5章
6
東北地方・北海道地方

1 右の地図を見て，次の問いに答えなさい。(4点×5)

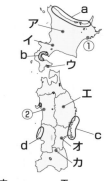

(1) 次の①・②があてはまる都市を，地図中の**ア〜カ**から１つずつ選び，記号で答えなさい。
　① 東北地方の地方中枢都市で，「杜の都」とよばれている。
　② 明治初期に開拓使が置かれ，人口は約200万人である。

よくでる (2) 出入りの多い複雑な海岸がみられ，こんぶなどの養殖が行われている地域を，地図中の**a〜d**から１つ選び，記号で答えなさい。

(3) 地図中の①・②の都市の気温と降水量のグラフを右の**ア〜エ**から１つずつ選び，記号で答えなさい。

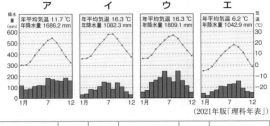

(2021年版「理科年表」)

(1)	①		②		(2)		(3)	①		②	

2 次の文を読んで，あとの問いに答えなさい。(5点×5)

　　東北地方はa日本の穀倉地帯で，b秋田平野や庄内平野などで稲作がさかんである。漁業では，三陸沖にc親潮と黒潮がぶつかる水域があり，太平洋側には漁港が発達している。地元の資源と結びついた伝統産業が各地でさかんだが，d近年は変化がみられている。

(1) 下線部**a**について，東北地方は日本の米のどれくらいを生産しているか。最も近いものを次の**ア〜エ**から１つ選び，記号で答えなさい。
　ア 2分の1　　**イ** 4分の1　　**ウ** 8分の1　　**エ** 10分の1

(2) 下線部**b**について，次の①・②の問いに答えなさい。
　① 庄内平野を形づくる川の上流の盆地では，さくらんぼや洋なしの栽培がさかんである。この川を何といいますか。

輸出向けの南部鉄器

難 ② 庄内平野では「はえぬき」の銘柄米の栽培がさかんです。秋田平野で栽培がさかんな銘柄米を何といいますか。

(3) 下線部**c**を何といいますか。

文章記述 (4) 下線部**d**の変化を，右の写真を参考にして，簡単に答えなさい。

(1)		(2)	①		②	
(3)		(4)				

3 次の文を読んで，あとの問いに答えなさい。(5点×5)

　　北海道では，古くから　①　の人たちが自然と共生して暮らしていた。明治時代になると政府による a開拓が始まった。北海道には豊かな自然があり，　②　に登録された知床には多くの観光客が訪れている。北海道では大規模な農業が行われ，b日本一の生産量の作物も多い。また，漁業生産量も全国一であり，近年はc「育てる漁業」がさかんである。

(1) 文中の①・②にあてはまる語句を答えなさい。

(2) 下線部aについて，開拓と警備を兼ねた兵士が派遣された。この兵士を何といいますか。

(3) 下線部bについて，右のグラフは都道府県別の農産物の生産割合である。グラフの□□□にあてはまる都道府県が北海道ではないものをア〜エから1つ選び，記号で答えなさい。

(4) 下線部cについて，「育てる漁業」とはどのような漁業か，漁業の種類を2つあげて，簡単に答えなさい。

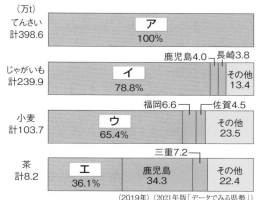

（万t）
てんさい 計398.6	ア　100%		
じゃがいも 計239.9	イ　78.8%	鹿児島4.0　長崎3.8	その他13.4
小麦 計103.7	ウ　65.4%	福岡6.6　佐賀4.5	その他23.5
茶 計8.2	エ　36.1%	鹿児島34.3　三重7.2	その他22.4

(2019年) (2021年版「データでみる県勢」)

(1)	①		②		(2)	
(3)		(4)				

4 右の地図を見て，次の問いに答えなさい。(5点×6)

(1) 地図中のA県の説明として，誤っているものを次のア〜エから1つ選び，記号で答えなさい。
　ア　北海道とこの県を結ぶ新幹線が開通した。
　イ　会津塗の名で知られる漆器は県の名産品である。
　ウ　りんごの生産量が全国第1位である。
　エ　毎年8月はじめのねぶた祭には，多くの観光客が訪れる。

(2) 地図中のBの地域で，夏の異常低温と日照不足によって農作物の収穫量が減少する災害を何といいますか。また，その原因となる北東の風を何といいますか。

(3) 地図中のCの平野について，次の文中の①にあてはまる語句を答えなさい。また，②から正しいものを1つ選びなさい。
　　農業に適さない泥炭地が広がっていたが，排水工事や，他から土を運びこむ　①　を行った結果，②〔米　　小麦　　キャベツ〕の大産地となった。

(4) 右のグラフは，北海道の工業生産額の内訳である。グラフ中のaにあてはまる工業を次のア〜エから1つ選び，記号で答えなさい。
　ア　金属　　イ　機械
　ウ　食料品　エ　木材

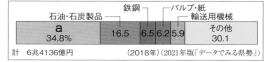

石油・石炭製品	鉄鋼		パルプ・紙 輸送用機械	
a　34.8%	16.5	6.5　6.2　5.9		その他30.1

計　6兆4136億円　(2018年) (2021年版「データでみる県勢」)

(1)		(2)	災害		風	
(3)	①		②		(4)	

定期テスト予想問題

別冊解答 P.32

目標時間 **45**分

得点 ／100点

❶ 右の地図を見て，次の問いに答えなさい。(4点×7)

(1) 次の①，②にあてはまる河川を，右の地図中の**ア**
　〜**オ**から1つずつ選び，記号で答えなさい。また，
　文中の □ にあてはまる語句を答えなさい。

　① 下流に広がる平野では，米の収穫後に麦など
　　をつくる □ が行われてきた。近年は，い
　　ちごや野菜の栽培がさかんである。

　② 下流に広がる泥炭地の平野は農業に適してい
　　なかったが，他から土を運び入れる □ に
　　よって，稲作地帯に生まれ変わった。

(2) 地図中の ▮ は，ある果物の生産量の上位5県を示している(2019年)。
　この果物を次の**ア**〜**エ**から1つ選び，記号で答えなさい。

　ア みかん　　**イ** りんご　　**ウ** ぶどう　　**エ** パイナップル

(3) 右のグラフは，地図中の **a**〜**d** のいずれかの都市の気温と降水量を
　示している。あてはまる都市を選び，記号で答えなさい。

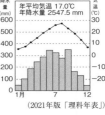

(2021年版「理科年表」)

(4) 地図中の **X** の山地では，人口が急激に減少している。このような傾向を何といいますか。

(1)	①	記号		語句		②	記号	語句
(2)			(3)		(4)			

❷ 次の文を読んで，あとの問いに答えなさい。(6点×5)

　日本には，a東京大都市圏，大阪大都市圏，b名古屋大都市圏の三大都市圏がある。東
京大都市圏には，人口が日本第2位の国際貿易都市の □① 市があり，大阪大都市圏に
は国際貿易都市のc神戸市がある。また，東北地方の □② 市，中国地方の広島市，九
州地方の福岡市などの地方中枢都市もあり，人口が増えている。

(1) 文中の①・②にあてはまる都市名を答えなさい。

(2) 下線部**a**の周辺では，野菜などの生産がさかんである。このような農業を何といいますか。

(3) 下線部**b**に形成されている工業地帯で，特に生産がさかんなものを次の**ア**〜**エ**から1つ選
　び，記号で答えなさい。

　ア 紙・パルプ　　**イ** 石油化学製品　　**ウ** 水産加工品　　**エ** 輸送用機械

(4) 下線部**c**につくられた人工島を何といいますか。

(1)	①		②		(2)			(3)	
(4)									

③ 次の問いに答えなさい。(6点×7)（静岡県）

(1) **地図**中の**X**は，九州と南西諸島，中国南部，台湾，朝鮮半島に囲まれた海である。**X**の名称を答えなさい。

(2) **A**について，次の問いに答えなさい。

　① **A**では，豊富にわき出る温泉を利用した観光業がさかんである。**A**の県名を答えなさい。

　② **A**にある八丁原発電所では，火山活動を利用した発電が行われている。この発電方法を，次の**ア～エ**から1つ選び，記号で答えなさい。

　ア 原子力　　**イ** 火力　　**ウ** 水力　　**エ** 地熱

(3) **地図**中の鹿屋市をふくむ九州地方南部には，古い火山の噴出物によってできた台地が広がっている。この台地は何とよばれますか。その名称を答えなさい。

(4) **地図**中の**B**では，ピーマンの促成栽培がさかんであり，東京や大阪などに出荷している。**グラフ1**は，2018年の東京の市場における，**B**，関東地方，その他の道府県の，ピーマンの月別入荷量と，ピーマン1kgあたりの平均価格を示している。促成栽培を行う利点を，**グラフ1**から読み取れる，入荷量と価格に関連づけて，簡単に答えなさい。

(5) **地図**中の北九州市は，北九州工業地域〔北九州工業地帯〕の中心的な都市である。**グラフ2**は，1960年と2014年における，福岡県の工業出荷額と，工業出荷額にしめる工業製品の割合を示している。**図**は，2014年における，北九州市周辺の工場の分布を示している。**グラフ2**の⍺～ⓒ，**図**のⓓ～ⓕは，機械工業，金属工業，化学工業のいずれかを表している。**グラフ2**の⍺～ⓒ，**図**のⓓ～ⓕの中から，機械工業にあてはまるものを1つずつ選び，記号で答えなさい。

地図

グラフ1

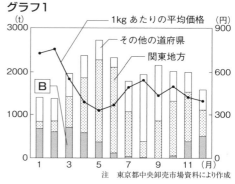

注　東京都中央卸売市場資料により作成

グラフ2

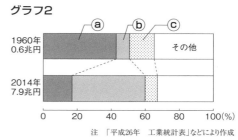

注　「平成26年　工業統計表」などにより作成

図

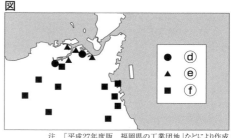

注　「平成27年度版　福岡県の工業団地」などにより作成

(1)				
(2)	①		②	
(3)		台地		
(4)				
(5)	グラフ2		図	

第5章
定期テスト予想問題

👉思考ツールを使って，分類して整理し，考えを深めよう

　各単元で学習した内容をまとめる活動において，思考の整理に適した「思考ツール」とよばれるいくつかの図表を活用すると，自分の頭の中にある考えを視覚的に表すことができる。

くらげチャート ▶ 理由づける

● 過疎地域について

山間部の農村で過疎化と高齢化が進んでいる

- 農業や林業で働く人が減った
- 若い人は都市の会社や学校へ行く
- 町や村に残るのは高齢者

　くらげの頭の部分に，結論や自分の主張などを書き，それらに対する根拠や原因などをくらげの足の部分に書きこむ。

ピラミッドチャート ▶ 構造化する

● 日本の農業の課題

食料自給率の低下

貿易自由化　農業従事者の高齢化

食生活の多様化　米があまる
外国産の農産物　農業人口の減少

　一番下の階層に，課題に関して思い浮かべた内容を自由に書き，その中から取捨選択してつなげたりしながら上の階層に向かって内容をしぼりこむ。

表（マトリックス） ▶ 多面的に見る

● 世界の国・地域の区分

大陸名	ユーラシア大陸	
州名	アジア州	ヨーロッパ州
地域名	東アジア	西ヨーロッパ
国名	日本	フランス
都市名	東京	パリ

　縦と横にそれぞれ項目を決め，複数の内容を共通の観点で調べて整理することができ，まとめた表から比較することもできる。マトリックスは，分類して整理するときに，役立つツールである。

座標軸 ▶ 評価する

● さまざまな発電方法の長所・短所　（日本の場合）

二酸化炭素の排出量が多い

火力

発電量が少ない ◀ ▶ 発電量が多い

地熱　水力
太陽光
風力　原子力

二酸化炭素の排出量が少ない

　上下左右の2つの軸が何を意味するか定義して，検討する事項を位置づけることで，評価することができる。

ウェビングマップ ▶ 関係づける

● アメリカ合衆国について

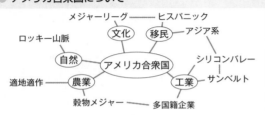

メジャーリーグ ── ヒスパニック
ロッキー山脈　文化　移民　アジア系
自然　アメリカ合衆国　シリコンバレー
適地適作　農業　工業　サンベルト
穀物メジャー ── 多国籍企業

　中央にテーマを書き，その周辺に内容に関連する言葉を書いて，そこから連想する言葉を次々に書き出して，関係している言葉の間に線を結ぶ。幅広い多様な考えを生み出すときに活用できる。

ステップチャート ▶ 順序立てる

● アフリカの課題

アフリカはかつてヨーロッパの植民地支配を受けていた

↓

独立後の今も，モノカルチャー経済や人口増加などの課題がたくさん残っている

↓

アフリカは国際的な支援が必要

　上から下へ，または下から上へ課題の流れを順序立て，考えを整理するときに活用できる。

例題 思考ツールを使ってまとめてみよう

● 防災と減災のために，自助・公助・共助を整理しよう。

　次のア〜エを，ベン図の重なる部分 ❶〜❹ に適切な内容を整理して，図中に記号を書きなさい。

ア　命を守る。

イ　ハザードマップから，最寄りの避難所の場所や，避難ルートに関する情報を整理，確認する。

ウ　ハザードマップを作成し，地域ごとの実状に合った防災・減災情報を地元の住民に知らせる。

エ　自分たちの町で，ボランティア組織をつくる。

公助
公共施設の耐震化
警察や消防の出動
自衛隊の救援
災害情報伝達
❶ イ　❹ ア　❷ ウ
防災グッズの準備
家具の転倒や
落下防止
❸ エ
自助　　共助
町内会の防災訓練
近所の助け合い
避難時の声かけ

> 右の図を「ベン図」という。共通点や相違点の両方をリストアップして，考えを整理することができる。
> ❶〜❹に入る条件 → ❶自助と公助に共通　❷公助と共助に共通　❸自助と共助に共通　❹自助・公助・共助すべてに共通

- -

● 再生可能エネルギーの特徴を整理しよう。

　右の写真は，風力発電所がある高原の写真である。写真を参考にして，再生可能エネルギーである風力発電の長所・短所・興味深い点を，次の表にまとめなさい。

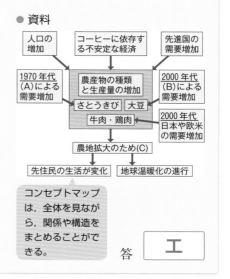

◀郡山布引高原
　風力発電所
　（福島県）

巨大な風車と，ひまわりなどの季節ごとに咲く花々を見学することができる。

> この表を「PMIシート」という。1つのことがらを3つの点から分析する。
> **P**（Plus）は長所，**M**（Minus）は短所，**I**（Interest）は興味深い点

	長所（**P**lus）	短所（**M**inus）	興味深い点（**I**nterest）
風力発電	・二酸化炭素を排出しない ・環境にやさしい ・昼夜関係なく，風がふけば発電できる	・発電量が風速に左右される ・騒音が発生する ・設置場所が限定される	（例）風車と周辺の花畑の自然とあわせて，風力発電所を観光資源として活用している

> 「**I**（興味深い点）」を削除して長所・短所をまとめるツールとしてもよい。

入試に出る! 思考ツール（コンセプトマップ）を使った入試問題　　　　**大分県出題**

問　太郎さんは，日本の主な輸入相手国であるブラジルについて調べる中で，近年，農業生産や貿易の状況が変化し，その結果，新たな課題が発生していることを知った。**資料**は，その状況を示したものである。**資料**中の（A）〜（C）に当てはまる語句の組み合わせとして最も適当なものを，ア〜エから1つ選び，記号を書きなさい。

● 資料

人口の増加
コーヒーに依存する不安定な経済
先進国の需要増加
1970年代（A）による需要増加
農産物の種類と生産量の増加
2000年代（B）による需要増加
さとうきび　大豆
牛肉・鶏肉
2000年代日本や欧米の需要増加
農地拡大のため(C)
先住民の生活が変化　地球温暖化の進行

> コンセプトマップは，全体を見ながら，関係や構造をまとめることができる。

	A	B	C
ア	中国の発展	石油危機	沿岸部を埋立て
イ	中国の発展	石油危機	熱帯林を開発
ウ	石油危機	中国の発展	沿岸部を埋立て
エ	石油危機	中国の発展	熱帯林を開発

答　エ

1 地球の姿

STEP 1 要点チェック

テストの **要点** を書いて確認 本冊P.6

①3　②7　③ユーラシア（大陸）
④アフリカ（大陸）　⑤オーストラリア（大陸）
⑥南極（大陸）　⑦北アメリカ（大陸）
⑧南アメリカ（大陸）　⑨太平洋　⑩大西洋
⑪インド洋

STEP 2 基本問題 本冊P.7

1 (1) X　(2) A. アフリカ（大陸）　B. 南極（大陸）
(3) 太平洋

2 (1) A. オセアニア（州）　B. アフリカ（州）
C. 南アメリカ（州）　D. アジア（州）
E. 北アメリカ（州）　F. ヨーロッパ（州）
(2) ①サウジアラビア　②ウズベキスタン
③パキスタン　④タイ　⑤大韓民国
(3) キューバ

解説

1 (1) 地球の表面上の陸地と海洋の面積比は，**3対7**なので，より割合の大きいXが海洋にあたる。
(2) Aは**六大陸**のうち，2番目に大きい大陸。Bは南極周辺に広がる南極大陸。
(3) **三大洋**は，**太平洋**，**大西洋**，**インド洋**の順に広い。
2 (1) A. 1つの大陸を1国でしめる**オーストラリア**や，太平洋の**島国〔海洋国〕**が多い州である。
B. エジプトやエチオピア，リビアは，アフリカ州の国である。
C. 地球上で日本から最も遠く離れたブラジルやアルゼンチンなどがある州である。
D. 日本も属する州である。
E. メキシコやカナダは，北アメリカ大陸にある国，キューバは北アメリカ大陸の南東のカリブ海にある国である。
F. イギリス，フランス，ドイツは，ユーラシア大陸の西に位置する国々である。
(2) アジア州は，**西アジア**，**中央アジア**，**南アジア**，**東南アジア**，**東アジア**に細分される。
(3) ボリビアとスイスは，国土がまったく海に面していない内陸国。

STEP 3 得点アップ問題 本冊P.8

1 (1) ア　(2) A－イ　B－ア
(3) ①オーストラリア（大陸）　②南アメリカ（大陸）
③南極（大陸）

2 (1) ヨーロッパ州　(2) ア　(3) a－オ　b－ウ
(4) ア　(5) アフリカ州
(6) （例）緯線と経線に沿って引かれているから。

3 (1) エ　(2) ①エ　②ウ　③ア　(3) ①45
②カナダ　③シンガポール　④バチカン市国
(4) X. アジア州　Y. アフリカ州　(5) イ
(6) 内陸国　（記号）エ
(7) E－ウ　F－エ　G－ア

解説

1 (3) ②南半球と北半球にまたがっているということは，**赤道**が通っているということである。赤道が通っているのはアフリカ大陸と南アメリカ大陸の2つ。アフリカ大陸の東はインド洋に面している。
2 (2) **イ**. 日本の面積は，大きい方から61番目。ヨーロッパ州で日本よりも大きいのは，ロシア連邦やウクライナ，フランスなど，わずかな国である。**ウ**. 日本から最も離れているのは，南アメリカ州の国々である。**エ**. 赤道が通っているのは，アフリカ州，アジア州，南アメリカ州，オセアニア州である。
(6)「緯線」「経線」の語句を用いて正答の文と同じ内容であればよい。
3 (1) Aはロシア連邦と中国の国境の一部で，アムール川に沿っている。Bはアメリカ合衆国とメキシコの国境の一部で，リオグランデ川に沿っている。
(2) ①はエクアドル，②はアメリカ合衆国，③はオランダである。
(3) ①ロシア連邦の面積は約1710万km²，日本の面積は約38万km²である。1710÷38＝45である。
②世界第2位の面積をもつ国は，カナダである。
(4) 最も割合の高いXは，人口が10億人をこえる中国やインド，インドネシアや日本などの1億人以上の国が多い**アジア州**である。Yは残るアフリカ州となる。
(5) スイスは，ヨーロッパ州の内陸国である。
(6) **ア**はヨーロッパ州，**イ**はアフリカ州，**ウ**は南アメリカ州の内陸国である。
(7) Eのオーストラリアの国旗には，**イギリスのユニオンジャック**と，南半球でみられる南十字星がえがかれている。Fのパキスタンには，**イスラム教の象徴である三日月と星**がえがかれている。

2 緯度と経度・世界地図

STEP 1 要点チェック

テストの **要点** を書いて確認　　　本冊 P.10

①赤道　　②本初子午線　　③緯線　　④経線

STEP 2 基本問題　　　本冊 P.11

1 (1) ①緯度　②経度　③赤道　④本初子午線

(2) ロンドン　　(3) 北緯, 西経（順不同）

(4) 40　　(5) 低緯度地域　　(6) 白夜

2 ①地図　②距離　③面積　④地球儀

解説

1 (1) ④「子午線」という名称の由来は, 干支の十二支で北の方向を示す「子（ね）」と, 南の方向を示す「午（うま）」を結んだ線という意味。

(3) C地点は, 赤道よりも北, 本初子午線よりも西の地点であるから, その位置は北緯と西経の組み合わせで表される。

(4) 対蹠点とは, ある地点から見た地球の裏側の地点にあたる。緯度は赤道を境にして南北に90度ずつ分けるので, **対蹠点の緯度の数値は同じになる**。よって, 北緯36度の対蹠点の緯度は**南緯36度**になる。経度は本初子午線を境にして東西に180度ずつ分けるので, 以下の計算で求める。**180度−140度＝40度**, 東経と西経を入れかえて, **西経40度**となる。

(5) 地球は約23.4度傾いた状態で太陽の周りを回っているため, 太陽の光のあたり方が緯度によって異なる。低緯度地域である赤道付近が太陽の光が広範囲にあたるため, 気温が高くなる。一方, 北極圏や南極圏の高緯度地域は, 太陽の光があたる範囲が狭いため, 気温は低くなる。

(6) **北半球と南半球は, 季節が逆**なので, **白夜**は, 北極圏では6月下旬ごろ, 南極圏では12月下旬ごろにみられる。また, 冬至のころには太陽がのぼらず, 昼でもうす明るい**極夜**とよばれる現象がみられる。

2 ①世界地図は, それぞれ長所と短所がある。

③設問の地図は, **モルワイデ図法**とよばれるもので, 面積が正しく表されている。地球を楕円形で表現し, 形のゆがみをおさえている。**分布図に用いられる**ことが多い。

STEP 3 得点アップ問題　　　本冊 P.12

1 (1) 地球儀　(2) ウ　(3) エ　(4) ア

(5) X−ウ
Y−ア

(6) （右図）

(7) ア

2

3 (1) ①カ　②ウ　(2) 41 D 5 S

4 (1) B　(2) オーストラリア

(3) （例）赤道から離れるほど, 面積が大きく表されること。

(4) 距離　(5) ア

(6) ①南アメリカ大陸　②エ
③（例）中心から離れるほど, 形がゆがむ。

(7) ウ

解説

1 (1) 実際の地球には, 経線や緯線は引かれていないが, **地球儀**や地図に線を引くことで, 地球上の位置を示すことができる。

(2) **赤道**は, アフリカ大陸の中央部を通る。また, 地球儀は距離が正しいので, 最も長い線が赤道にあたる。

(3) 本初子午線は, イギリスのロンドンを通り, アフリカ大陸西部のギニア湾岸で, 赤道と交差する。また, 選択肢にある**南回帰線とは, 南緯23.4度の緯線**で, 北半球が冬至の日に太陽が真上にくる。

(5) Xは赤道よりも南にあり, 本初子午線より東にあるので, 南緯と東経で示す。Yは, 赤道よりも北にあり, 本初子午線より西にあるので, 北緯と西経で示す。

(6) Zは北緯15〜30度・東経135〜150度の範囲。反対側は, 南緯15〜30度・西経30〜45度の地域になる。地球の反対側は, 緯度は北緯を南緯に, 南緯を北緯に変える。経度は東経を西経に, 西経を東経に変え, 数値は180から引いた値に直す。

(7) **白夜**がみられるのは, 高緯度地域であるから, 北ヨーロッパを指す**ア**があてはまる。

2 0度と180度の経線, 0度の緯線（赤道）, 日本の位置に注意して大陸を配置しよう。

3 (1) 41, 42はページ数, HやBは横の位置, 5や6は縦の位置を示している。

4 (2)(3) 実際のオーストラリアの面積は, グリーンランドの約3.6倍である。Aの地図を見ると, グリーンランドの方が大きく表されるので, 注意する。

(5) Cの中心である東京から見て, ロサンゼルスは右上にある。**上は北**, 右は東の方位を指すので, 北東が正しい。

(6) ①②日本から最も遠い大陸。
③南アメリカ大陸のゆがみの大きさから記述する。

(7) Cの地図を**正距方位図法**といい, 航空図に利用する。なお, Aの地図は航海図, Bの地図は分布図に利用する。

3 日本の姿

STEP 1 要点チェック

テストの要点を書いて確認
本冊 P.14

①択捉（島）　②沖ノ鳥（島）　③南鳥（島）

④与那国（島）　⑤竹島　⑥尖閣諸島

STEP 2 基本問題
本冊 P.15

1 (1) A. 北海道　B. 本州　C. 四国

　　D. 九州　(2) 中国〔中華人民共和国〕　(3) ウ

　(4) a—エ　b—イ　c—ウ　d—ア

　(5) ロシア連邦　(6) 東北地方

2 ①標準時子午線　②1　③2　④9

　⑤日本　⑥日付変更線

解説

1 (1) B, A, D, Cの順に面積が大きい。日本列島は，これらの島々をふくめ，7000に近い島々で構成されている島国〔海洋国〕である。

(2) 日本とほぼ同緯度の範囲にある国には，韓国，イタリア，アメリカ合衆国などがあるが，日本に近いPは，人口が世界最多の中国である。中国は，韓国，ロシア連邦などとともに，日本に近い国である。

(3) 日本の東西の広がりは東経122〜154度であるから，Xの経線もこの範囲内である。よって，東経140度があてはまる。東経140度の経線は，北海道の西の端や東京湾を通過している。

(4) a. 日本の北端（北緯45度33分）なので，択捉島である。b. 日本の東端（東経153度59分）なので，南鳥島である。その名前から，日本の南端とまちがえないようにする。c. 日本の南端（北緯20度25分）なので，沖ノ鳥島である。東京都に属する沖ノ鳥島は，外周11kmの無人島で，満潮時には大小2つほどの陸が海上に出るだけとなる。この島が水没すると，周囲に広がる日本の領土面積とほぼ同じくらいの約40万km²の排他的経済水域が失われてしまうので，波の侵食で島が水没するのを防ぐ護岸工事が行われた。d. 日本の西端（東経122度56分）なので，与那国島である。沖縄県に属する。

(5) aの択捉島は日本固有の領土でありながら，第二次世界大戦後，ソビエト連邦〔ソ連〕によって占領された。1991年にソ連が解体した後はロシア連邦が占拠している。よって，ロシア連邦があてはまる。択捉島は，国後島，色丹島，歯舞群島とともに，北方領土とよばれている。北方領土に住むロシア人と日本人が交流する「ビザなし交流」などの動きもみられる。

(6) 地図中のY（北緯40度）は，本州の北部を通っているので，東北地方があてはまる。北緯40度の緯線は，秋田県，岩手県を通っている。

2 ①各国・地域は，その近くを通る経線の上に太陽がきたときを午後0時〔正午〕と定め，標準時としている。この経線を，標準時子午線という。

②地球は24時間で1回転（360度）するので，360（度）÷24（時間）＝15（度）から，経度15度分回転するには1時間かかる計算になる。

③時差は，2地点間の標準時子午線の経度差÷15で求めることができる。よって，30÷15＝2（時間）となる。

④・⑤ロンドンと東京の標準時子午線の経度差は135度であるから，その時差は，135÷15＝9（時間）となる。一般に，東にある国・地域ほど時刻が進んでいるので，ロンドンよりも東に位置する東京の方が時刻は9時間進んでいる。

⑥日付の調整のために定められた日付変更線である。ほぼ180度の経線に沿って引かれている。この線の西側から1日が始まるので，例えば船の航行などのとき，この線を西から東にこえるときは日付を1日遅らせ，東から西にこえるときは日付を1日進める。

STEP 3 得点アップ問題
本冊 P.16

1 (1) ユーラシア大陸　(2) 韓国〔大韓民国〕

　(3) 北方領土　(4) ウ　(5) 3（千km）

2 (1) 領海　(2) 領空　(3) 200（海里）

　(4)（例1）沿岸国が水産資源と鉱産資源の管理権を持つ水域。（例2）水産資源と鉱産資源を自国のものとすることができる水域。　(5) エ

3 (1) 標準時子午線　(2) エ　(3) 9（時間）

　(4)（2月）11（日）午前9（時）　(5) ウ

4 (1) C. 関東（地方）　F. 中国・四国（地方）

　(2) ア　(3) 札幌（市）

　(4)（記号）E　（都道府県名）滋賀県

　(5) a. 北陸　b. 中央高地　c. 東海

解説

1 (1) 日本列島の位置は，ユーラシア大陸の東，太平洋の北西部にあたる。Aのユーラシア大陸は，六大陸の中で最も大きい大陸である。

(2) Bの国は，朝鮮半島の南部の国なので，韓国〔大韓民国〕である。日本に近く，九州地方の福岡市などは，東京よりも韓国の首都ソウルに近い。

(3) Cには，日本固有の領土でありながら，ロシア連邦による占拠が続いている島々があり，日本人が住めない状態となっている。この北方領土について，政府はロシア連邦に返還を求め続けている。

(4) Cの北方領土は，北から択捉島，国後島，色丹島，歯舞群島である。竹島は日本海の南西部に浮かぶ小さい島である。現在，韓国が不法に占拠している。

(5) Dは与那国島である。Cにある日本の北端の択捉島から，西端の与那国島まで，日本列島は弓状にのびており，その長さは約3000kmにもおよぶ。

4 世界各地の人々の生活と環境

2

(1)国の**主権**（国の政治の在り方を最終的に決める権限）がおよぶ**領域**のうち、海の部分は**領海**である。領海の幅は国によって異なるが、日本は海岸線から**12海里**（約22km）を領海としている。

(2)国の領域のうち、空の部分は**領空**で、領土と領海の大気圏内の上空である。

(3)**排他的経済水域**の範囲は、領海の外側で、海岸線から**200海里**（約370km）までである。

(4)日本の領海や排他的経済水域内には、メタンハイドレートなどの豊富なエネルギー資源の存在が確認されている。

(5)日本の国土面積は約38万km²だから、447÷38＝11.76より、約12倍となる。

3

(1)(2)Xは、180度の経線から数えて西に3本目なので、**東経135度**の経線である（180−15−15−15）。日本の標準時子午線となっている東経135度の経線は、兵庫県明石市を通っている。

(3)ロンドンには0度の経線（本初子午線）が通っているので、東京との**標準時子午線の経度差は135度**になる。**経度差15度で1時間の時差**になるので、135（度）÷15（度）より、9時間となる。

(4)航空機がニューヨークに到着したのは、2月11日午前11時の12時間後だから、成田国際空港は11日午後11時である。ニューヨークの標準時子午線は西経75度なので、経度差は75（度）＋135（度）＝210（度）。よって、時差は、210（度）÷15（度）より、14時間になる。日本の方が時刻が進んでいるので、航空機がニューヨークに到着したのは、日本時間の11日午後11時の14時間前、つまり、11日午前9時である。

(5)1日は、180度の経線付近に引かれた日付変更線を基準に西に位置する国・地域から始まるので、**ウ**（ニュージーランドのウェリントン）、東京、**イ**（エジプトのカイロ）、**ア**（南アフリカ共和国のケープタウン）、**エ**（ブラジルのリオデジャネイロ）の順に時刻が進んでいることになる。

4

(1)**C**は1都6県からなる関東地方、**F**は9県からなる中国・四国地方。中国地方、四国地方と分けて、8地方とする区分のしかたもある。

(2)**B**は東北地方。**ア**の茨城県は関東地方である。東北地方は、**イ**、**ウ**、**エ**と岩手県、秋田県、福島県の6県からなる。

(3)**A**は北海道なので、道庁所在地は札幌市である。

(4)7都道府県からなる地方は関東地方と近畿地方。このうち、関東地方には内陸の県が3つあるので、近畿地方があてはまる。近畿地方で府県名と府県庁所在地名が異なるのは、三重県（津市）、滋賀県（大津市）、兵庫県（神戸市）の3つ、内陸の県は滋賀県と奈良県である。

(5)Ⅱの地図は中部地方を、**東海・中央高地・北陸**の3つの地域に区分したもの。その中で、7地方区分では近畿地方に属する**三重県が東海にふくまれている**。これは、三重県北部が交通や産業、生活などで名古屋との結びつきが深いからである。

4 世界各地の人々の生活と環境

STEP 1 要点チェック

テストの **要点** を書いて確認　　　本冊 P.18

①熱（帯）　②乾燥（帯）　③温（帯）
④冷〔亜寒〕（帯）　⑤寒（帯）

STEP 2 基本問題　　　本冊 P.19

1 (1) A．乾燥帯　　B．冷帯〔亜寒帯〕　　C．寒帯
D．熱帯　　E．高山気候

(2) A．オアシス　B．タイガ　C．イグルー
D．マングローブ　E．アルパカ

2 ①木　　②日干しれんが　　③じゃがいも
④キリスト　　⑤イスラム　　⑥仏

解説

1 (1) A．**サハラさばく**の南のふちにあたる**サヘル**と、**アラビア半島**。いずれもさばくやたけの短い草原である**ステップ**が広がる**乾燥帯**である。

B．ロシア連邦東部の**シベリア**。冬の寒さは厳しいが、夏は気温が上昇するため、樹木が育つ気候となる。

C．グリーンランドからカナダ北部にかけての地域。年中寒さが厳しく、樹木が育たない気候である。

D．南太平洋の島々。赤道に近いため気温が高く、降水量も多い気候である。

E．**アンデス山脈**の高地は標高が高く、年間の気温の変化は小さいが、昼と夜の気温差が大きくなる気候である。

(2) A．さばくの中で、水が得られる地域である**オアシス**があてはまる。

B．北半球の冷帯〔亜寒帯〕の地域に広く分布する、針葉樹の**タイガ**があてはまる。

C．**イヌイット**の人々が、狩りのときに固めた雪や氷でつくる住居の**イグルー**があてはまる。

D．熱帯地域の海岸部に分布する**マングローブ**があてはまる。海岸を波の侵食から守り、幼魚の育つ場所になるなど、環境を保つ働きをもつ森林として重要である。

E．アンデスの高地で飼育されている**アルパカ**があてはまる。おもに毛をとるために飼育されている。

2 ①赤道付近にある太平洋の島々は**熱帯**の気候。年中暑く降水量が多いことから、熱帯雨林〔熱帯林〕が生い茂り、葉や幹を住居の材料としている。風通しをよくするために、壁のない住居もある。

②アラビア半島は**乾燥帯**の気候で雨がほとんど降らないため、木材を得にくい。粘土や土、石やわらを練りあわせてれんがの形に整え、干し固めた**日干しれんが**の家がみられる。また、乾燥帯で暮らす遊牧民は、移動しやすい組み立て式の住居に暮らしていることもある。

③アンデスの高地は寒冷なので、寒さに強い作物でな

ければ生育しない。**じゃがいも**は干して保存食にもなる。

④クリスマスは，イエス・キリストの誕生を祝う行事なので，**キリスト教**があてはまる。

⑤聖地メッカに向かって1日に5回礼拝(れいはい)を行うのは，**イスラム教徒**である。**イスラム教徒は豚肉(ぶたにく)を食べない**が，**牛肉を食べないヒンドゥー教徒**とまちがえないようにする。

⑥タイは東南アジアのインドシナ半島にある国。インドシナ半島でとくに信者が多いのは，**仏教**である。

STEP3 得点アップ問題　　　　　本冊 P.20

1 (1) サヘル　　(2) オアシス　　(3) タイガ
(4) イヌイット　(5) ウ　(6) ①E　②D
(7) X－E　　Y－B　　Z－D
(8)(例)ラパスは標高が高いので，標高の低いブラジリアよりも気温が低い。

2 (1) ゲル　　(2) 遊牧
(3) B－エ　　C－ア
(4)(右図)

3 (1) A.キリスト教　　B.仏教　　C.イスラム教
(2) A－ウ　　B－イ　　C－ア　　(3) C

解説

1 (1)サハラさばくは世界最大のさばく。その南にあるサヘルは，わずかに木や草が生えた乾燥した地域で，干(かん)ばつが続いたり，増えすぎた家畜が草を食べつくしたり，木を切り過ぎたりしたことが原因で，さばく化が進んでいる。

(2)Bはさばくが広がっている**アラビア半島**。さばくの中で地下水などが地表にわき出ているところをオアシスという。

(3)Cはロシア連邦の東部のシベリア。ここに分布する冬の寒さに強いまつやもみなどの**針葉樹**を中心にした森林のことを，**タイガ**という。タイガは，シベリアだけでなく，北アメリカの北部などでもみられる。

(4)Eはアメリカ合衆国のアラスカやカナダ北部の地域。4500年前からイヌイットなどの先住民の人々が暮らしてきた。

(5)イヌイットの暮らしは，1960年頃からカナダ政府が定住化を進めた結果，変化しつつある。伝統的な犬ぞりにかわり，スノーモービルで移動する人が増え，村には住宅，スーパーや学校，病院などがある。**ア**.雪と氷に囲まれたイヌイットの居住地では，農業は困難である。**イ**.太平洋の島国であるフィジーなどがかかえる問題である。

(6)①**カリブー**は，北極海周辺の動物なので，アラスカ・カナダ北部のEがあてはまる。あざらしやカリブーの生肉は，イヌイットの重要なビタミン源になっている。

②南太平洋のDの地域では，熱帯性の作物である

キャッサバやタロいもなどのいも類を主食として，バナナの葉を利用した蒸し料理がみられる。

(7)**X**.1年を通じて気温が低く，降水量が少ないので，**寒帯**の気候である。高緯度地域であるEのアラスカ・カナダ北部があてはまる。

Y.降水量が非常に少ないので，**乾燥帯**の気候である。Bのアラビア半島があてはまる。乾燥帯と寒帯は，いずれも降水量が非常に少ない気候だが，回帰線付近に分布する乾燥帯は，夏季は高温になる点で区別する。

Z.年中気温が高く，降水量が多いので，**熱帯**の気候である。フィジーやツバルなどの南太平洋の国々の**D**があてはまる。

(8)グラフから，ラパスはブラジリアと比べ，どの月も10℃程度気温が低いことがわかる。地図中に示された**標高**のちがいに着目する。一般に標高が100m高くなるにつれ，気温は約0.6℃ずつ低下するとされている。よって，2つの都市の**気温の差**は，**標高の差**が影響していることがわかる。

2 (1)(2)モンゴルでは，羊ややぎなどの家畜を連れ，草や水を求めて移動する牧畜が行われている。これを，**遊牧**という。移動生活であるため，住居もテント式で，折りたたんだり，分解したりして，**持ち運びができる**ようになっている。

(3)**B**.**ヒンドゥー教徒**の女性が着る民族衣装は**サリー**で，綿や絹などの長い布を，身体に巻き付けるようにして着るのが特徴。ヒンドゥー教徒が多いのは**インド**。

C.朝鮮(ちょうせん)半島の女性が着る民族衣装で，チマという長いスカートと，チョゴリという短い上着の組み合わせで，**チマ・チョゴリ**という。朝鮮半島の**韓国**と北朝鮮でみられる。

(4)気温は折れ線グラフで，降水量は棒グラフで表すことに注意する。

3 (1)**A**.ヨーロッパ，南北アメリカ，オセアニアに広がっていることから，**キリスト教**である。

B.東南アジア，東アジアを中心に広がっていることから，**仏教**である。

C.北アフリカ，西アジア，中央アジア，東南アジアに広がっていることから，**イスラム教**である。

(2)**A**.**聖書**を教典(きょうてん)にするのはキリスト教。旧約聖書と新約聖書がある。キリスト教は**イエス・キリスト**が開いた。

B.日本の文化にも大きな影響をあたえてきたのは**仏教**である。仏教は**シャカ**の教えをもとにしている。

C.**モスク**は，イスラム教の礼拝所(れいはいじょ)のことである。イスラム教は**ムハンマド〔マホメット〕**が説いた教えをもととしている。

(3)図は，**チャドル**という衣装である。女性は人前で肌を見せてはいけないという，**イスラム教**の戒律(かいりつ)にもとづくものである。

❶ (1) イ　　(2) B→A→C

　　(3) ①南西　　②北西　　③パリ〔カイロ〕

　　④カイロ〔パリ〕

　　(4)（大洋名）大西洋　（記号）Y

❷ （右図）

❸ (1) 熱（帯）　　(2) イ

　　(3) ①ウ　　②イ　　③エ

　　④ア

　　(4) アジア（州）

　　(5) Ⅰ－F　　　Ⅱ－D

　　(6) B（例）降水量がほとんどないため。

　　　F（例）気温が低く，降水量も少ないため。

解説

❶ (1) 地図Ⅰはメルカトル図法でえがかれたもの。緯線と経線がすべて直線で，直角に交わっているので，国々の東西や南北の位置がわかりやすいが，**緯度が高くなるほど面積が大きく表される**。地図Ⅰのc－dが引かれた緯線の1本下が緯度0度の赤道。実際の距離は，c－d，e－f，a－bの順に長くなる。

(2) 面積が正しい**地図Ⅲ**を参考にする。**地図ⅠのA**はオーストラリア大陸，**B**は南アメリカ大陸，**C**は世界最大の島のグリーンランド（デンマーク領）。地図Ⅰ上では，高緯度にあるグリーンランドが最も大きくみえるが，六大陸の中で最も小さいオーストラリア大陸の3分の1にもみたない。よって，南アメリカ大陸，オーストラリア大陸，グリーンランドの順となる。

(3) 図の中心になっている**東京からの距離と方位が正しい地図Ⅱ**を参考にする。**地図Ⅱ**では地図の上が北，下が南，右が東，左が西の方位にあたる。東京からみて，シンガポールは左下，カイロは左上にあるので，それぞれ南西，北西になる。また，東京から1万kmの距離の都市は，**地図Ⅱ**上で10000kmの点線付近に位置している都市なので，カイロとパリである。

(4) 三大洋は，**太平洋，大西洋，インド洋**なので，グラフの（　）は大西洋である。大西洋はユーラシア大陸のヨーロッパの西・アフリカ大陸の西，南北アメリカ大陸の東にある大洋なので，**地図ⅡのY**があてはまる。**X**はインド洋，**Z**は太平洋。

❷ **赤道は緯度0度の緯線**である。緯線は，北を上，南を下にしてえがかれたふつうの地図では横の線で表される。**本初子午線は経度0度の経線**である。経線は，ふつうの地図では縦の線で表される。赤道はアフリカ大陸の南北ほぼ中央，ギニア湾の上を通る。本初子午線はイギリスの首都ロンドンを通過する。なお，赤道と本初子午線は，ギニア湾上で交差することも覚えておこう。

❸ (1) 赤道付近に広がっていることから，**熱帯**と判断できる。気候帯は，一般に赤道付近の低緯度地域から高

緯度地域へ移るにしたがい，熱帯，乾燥帯，温帯，冷帯〔亜寒帯〕，寒帯と変化する。

(2) 熱帯は蒸し暑い気候であるから，**イ**があてはまる。**ア**は高山気候の特色。標高が高くなると気温も下がるので，アンデス山脈の高地ラパスでは，低緯度であっても月平均気温が10℃前後で一定である。**ウ**は四季の変化がはっきりしていることから，日本などの**温帯**である。**エ**は夏と冬の気温差が大きいことから，**冷帯〔亜寒帯〕**である。

(3) ①**サヘル**は，アラビア語で「岸辺」という意味がある。乾燥帯だが，少量の雨が降り，農業や遊牧を営んで暮らす人々がいる。

②Bはアラビア半島で，さばくが広がっている。さばくの中で水が得られる地域を**オアシス**という。オアシスの耕地では，小麦やなつめやしなどが栽培されている。

③Cはシベリア。冷帯〔亜寒帯〕の気候で，**タイガ**とよばれる針葉樹を主体とした森林が広がっている。

④Gはアンデスの高地。ここに暮らす先住民が**アルパカ**を飼育して毛をとり，ポンチョなどの衣服をつくっている。なお，山道で荷物を運ぶために**リャマ**という家畜も飼われているので，おさえておこう。

(4) Cのシベリアは**ロシア連邦**の東部にあたる。ロシア連邦の西部はヨーロッパ州に属するが，シベリアはアジア州に属するので注意する。

(5) Ⅰカナダ北部に暮らすイヌイットが冬季の狩りのときに雪や氷でつくる**イグルー**である。

Ⅱモンゴルの遊牧民のテントの住居で，**ゲル**という。遊牧は，草や水を求め，羊ややぎ，馬などを連れて，移動しながら飼育する牧畜なので，その住居もテント式になっている。

(6) 気温と降水量に注意する。Bのアラビア半島は乾燥帯であり，気温は高いが，降水量が少なすぎて，森林の生育には適さない。Fのアラスカ・カナダ北部は寒帯の気候で，降水量が少なすぎるとともに，気温が低すぎるので，森林の生育には適さない。

1 アジア州

STEP 1 要点チェック

テストの要点を書いて確認

本冊 P.24

①ヒマラヤ（山脈）　②季節風〔モンスーン〕
③韓国〔大韓民国〕　④経済特区　⑤タイ
⑥ASEAN〔東南アジア諸国連合〕
⑦ペルシャ〔ペルシア〕（湾）
⑧レアメタル

STEP 2 基本問題

本冊 P.25

1 (1)①ヒマラヤ山脈　②黄河　③長江
　④ペルシャ〔ペルシア〕湾　(2)ウ
　(3) A. 仏教　B. ヒンドゥー教
2 (1)イ　(2)漢族〔漢民族〕　(3)二期作
　(4)レアメタル
3 ①カ　②イ　③エ　④ア

解説

1 (1)②③紀元前4000年以前に黄河の中・下流域であわなどを栽培し、長江の下流域で稲を栽培する農耕文明が生まれた。
④ペルシャ湾岸は世界有数の油田地帯で、湾岸の国々は石油の輸出によって経済発展した。
(2)赤道はアジアでは、東南アジアの2つの大きな島を横切ることに注目する。
(3)インドシナ半島のタイ・カンボジア・ミャンマーなどでは、仏教があつく信仰されている。インドは仏教がおこった国であるが、早くにおとろえ、現在はヒンドゥー教を信仰する国民が大部分をしめている。

2 (1)東南アジア諸国連合の略称である。アはヨーロッパ連合、ウは石油輸出国機構、エはアジア太平洋経済協力会議のこと。
(2)中国は、漢族〔漢民族〕と多くの少数民族が暮らす多民族国家である。ウイグル族、モンゴル族、チベット族などの少数民族は西部の内陸部で生活している。
(3)米に限らず、一般に同じ作物を1年に2回つくることを二期作という。米の二期作は、中国の華南の一部でも行われている。
(4)レアメタルは、埋蔵量が少ない、または金属として取り出すことが技術的な面や経済的にも難しい希少な金属のこと。スマートフォンなどの電子機器の製造になくてはならない原材料で、世界各国でレアメタルを確保するために鉱山開発を進めている。

3 ①カのサウジアラビアは西アジアの大国で、イスラム教の聖地メッカがある。日本はこの国から石油を大量に輸入している。
②イの中国では、沿岸部のシェンチェンなどを経済特区に指定し、外国企業の進出をはかった。

③エのインドは、人口の8割以上がヒンドゥー教徒。アメリカ合衆国などの世界の企業のソフトウェアの開発や、コールセンター業務などを請け負っている。インドでICT〔情報通信技術〕産業が急成長した背景には、かつてイギリスの植民地であったことから英語を話せる技術者が多いこと、理数系の教育が重視され、優れた技術者が多いこと、新しい産業なのでインドに根強く残るカーストという身分制度にしばられないことなどがあげられる。
④エの韓国では、1990年代以降、半導体や薄型テレビ、携帯電話の生産などのハイテク〔先端技術〕産業が発展している。

STEP 3 得点アップ問題

本冊 P.26

1 (1)エ　(2)エ　(3)一人っ子政策
　(4)①エ　②イ　③ア　④ウ
2 (1)小麦　(2)(例)降水量〔雨〕が多い。
　(3)プランテーション
　(4)ASEAN〔東南アジア諸国連合〕　(5)エ
3 (1)①経済特区　②沿岸部　(2)ア、エ（順不同）
　(3)イ
4 (1)①オ　②ウ　(2)インドシナ半島
　(3)ジャワ島　(4)エ　(5)(例)輸出の中心が農産物や鉱産資源から工業製品に移った。

解説

1 (1)インダス川の流域では、かんがいによって農地が開かれ、小麦の栽培がさかんである。アは黄河、イは長江、ウはメコン川である。
(2)Aはサウジアラビア、Bはイラク、Cはイランで、これらの国がある西アジアでは、ア〜ウのきまりがあるイスラム教が人々の生活に深く根をおろしている。エは仏教の特色である。
(3)D国は中国。「一人っ子政策」とは、1組の夫婦に子どもを1人までとする政策。人口増加はおさえられたが、少子高齢化や労働力不足から、2016年以降は、2人までもつことが認められた。
(4)①のウランバートルは乾燥した気候であるが、内陸に位置するため、夏と冬の気温の差が大きい。②はアラビア半島のさばくにあるリヤドで、降水量がきわめて少ない。③のコルカタは熱帯の気候であるが、季節風〔モンスーン〕の影響により雨季と乾季がある。④のシンガポールは1年を通じて高温で雨が多い熱帯の気候である。

2 (1)AはBの地域よりも降水量が少ない地域で、小麦などの畑作が中心である。中国の華北・東北部では小麦のほか、大豆・とうもろこし・綿花などの栽培もさかんである。中国の小麦の生産量は世界第1位である。
(2)稲作は、稲が育つ夏に高温で、降水量が多い地域でさかん。中国の長江流域は世界的な米の大産地となっている。米の生産量も、中国が世界第1位である。

(3) Cはインドネシア。**プランテーション**は，東南アジアを植民地としたヨーロッパ人が開いた**大規模な農園**のことである。ここでは，現地の人々を使って，天然ゴム・コーヒーなどの**輸出用作物**が大規模に栽培された。現在は現地の人々が経営することも多い。

(5) エのインドはアジアNIESにはふくまれない。アの韓国，イの台湾，ウのシンガポールと，ホンコン〔香港〕がアジアNIESである。

3 (1) Aは中国。自由な経済活動が導入され，沿岸部で工業化がめざましく進展し，人々の所得が増大した。他方，内陸部は工業化が遅れ，多くの人々が内陸部から沿岸部へ出かせぎに出るようになった。中国では沿岸部と内陸部の経済格差の解消が課題となっており，「西部大開発」とよばれる内陸部の開発を行っている。

(2) Bはインド。南部のベンガルール〔バンガロール〕は，**ICT〔情報通信技術〕産業**の中心地。アメリカ合衆国のシリコンバレーのICT企業では，インド出身のCEO（最高責任者）が増えたり，インドに帰国した後にICT企業を起業する人が増えている。

(3) Cはサウジアラビア，Dはアラブ首長国連邦，Eはイラク。石油の産出はC〜Eの国やクウェートなど，**西アジアのペルシャ湾岸の国**が大きな割合をしめていることに着目する。

4 (1) Aはマレーシア，Bはタイである。これらの国では，かつてはプランテーションにより発達した**天然ゴム**の栽培がさかんであった。近年は外国企業を積極的に受け入れて，工業化が進んでいる。

(2) タイ産の米の価格は安く，国際的な価格競争力を持っている。こうした条件を背景に，タイは**世界有数の米の輸出国**となっている。

(3) Cのインドネシアの首都は**ジャカルタ**。ジャワ島では年中温暖な気候を利用して，米の二期作が行われている。インドネシアの島々には，山地の斜面に**棚田**が開かれているところもある。

(4) エはクウェート。エネルギー資源の石油を日本に輸出している。日本はクウェートなど西アジアの国々との貿易では，ほとんどの場合，貿易赤字となっている。アの韓国，イのシンガポール，ウのインドとの貿易では，日本が大幅な貿易黒字となっている。また，韓国・シンガポールからの日本の輸入品は，**工業製品**が大部分をしめている。

(5) グラフを見ると，マレーシアは**石油・天然ゴム・木材**などの割合が低下し，**機械類**の割合が増大している。タイは**米・野菜・天然ゴム・すず**などの割合が低下し，**機械類**の割合が増大している。いずれの国でも，鉱産資源や農産物のしめる割合が低下し，工業製品のしめる割合が増えていることから工業化が進んでいると判断できる。

2 ヨーロッパ州

STEP 1 要点チェック

テストの **要点** を書いて確認　　　　本冊 P.28

①偏西風　　②イギリス

③混合（農業）　④地中海　　⑤ロシア連邦　　⑥酪農

⑦フランス　　⑧アルプス（山脈）

STEP 2 基本問題　　　　　本冊 P.29

1 (1) ①アルプス山脈　　②ライン川
　③ドナウ川　　(2) 地中海性気候
　(3) ①北大西洋海流　　②偏西風

2 (1) 混合農業　　(2) ラテン系
　(3) 航空機　　(4) パークアンドライド

3 ①EU　　②　イギリス　　③パスポート
　④ユーロ

解説

1 (1) ①モンブラン・ユングフラウなどの高山があり，多くの登山家や観光客が訪れている。
②多くの国を流れる**国際河川**。古くから内陸交通路として利用されてきた。ライン川のほとりには歴史のある美しい城がみられ，観光コースとしても知られている。
③ドナウ川も国際河川で，オーストリア・ハンガリーなどを流れて，黒海に注ぐ。

(2) **地中海性気候**は地中海沿岸にみられる気候。夏は高温で乾燥し，温和な冬に雨が多いのが特色である。

(3) ①**北大西洋海流**は北アメリカ大陸の東を流れるメキシコ湾流の延長である。
②**偏西風**は中緯度地方で年中吹いている西よりの風である。この風が暖流の北大西洋海流の上を通って吹いてくるので，西ヨーロッパは冬でも比較的温暖な気候となる。

2 (1) 混合農業は，主としてアルプス山脈より北の地域で行われている。小麦など食用の穀物を栽培し，豚や牛を飼育するとともに，家畜のえさとなる大麦などの飼料作物を栽培している。

(2) Aのフランスは，パリ盆地で小麦の栽培がさかんで，世界有数の小麦の輸出国でもあり，穀物の食料自給率も高い。また，フランス，スペイン，イタリアなどのヨーロッパ南部は**ラテン系言語**が多くの人に話されて，キリスト教の**カトリック**を信仰する人が多い。また，BのドイツやCのイギリスなどのヨーロッパの北西部では**ゲルマン系言語**の人が多く，キリスト教も**プロテスタント**が多い。ロシアやポーランドなどのヨーロッパ東部は，**スラブ系言語**が一般的で，キリスト教は正教会が多い。近年のヨーロッパは，アジアやアフリカの国々から移住した人々や，トルコなどの周辺諸国から働きにきた人々が暮らしていることから，多様な文化が共存している。

(3)航空機産業は，アメリカ合衆国が独占状態にあったが，これに対抗するために，フランスとドイツの航空機メーカーが共同でエアバス社を設立し，スペインやイギリスも参加した。各国の専門的な技術を生かして，エンジン，胴体などの部品を分業で生産し，フランスのトゥールーズなどにある最終組み立て工場で製品化する国際分業のシステムを取り入れている。

(4)**パークアンドライド**とは，郊外に住む人が都市の中心部へ通勤・通学するとき，自動車で直接行くのではなく，最寄りの鉄道の駅に駐車して，そこからは電車やバス，LRT（路面電車）などに乗り換えること。都市中心部の自動車の乗り入れを規制して，交通渋滞や大気汚染をおさえるねらいがある。

3 ①アメリカ合衆国などの大国と対抗するために，ヨーロッパの国々が協力して経済圏をつくる目的で，1967年に**ヨーロッパ共同体〔EC〕**が結成された。その後，政治的な結びつきも強化するために，1993年に**ヨーロッパ連合〔EU〕**へと発展した。2000年代にかけて東ヨーロッパからも加盟国が拡大し，イギリスが離脱する前は28か国が加盟していた。
②加盟国間の経済格差を解消するための拠出金負担の大きさ，イギリスの失業率の増加，移民の増加などにより，EUからの離脱について国民投票が行われ，その結果，離脱が決定。2020年に離脱した。

STEP 3 得点アップ問題

本冊 P.30

1 (1)エ　(2)（海名）北海　（風）偏西風
　(3) b　(4)①イ　②ウ　③ア　(5)ウ
2 (1)①プロテスタント　②正教会　(2)イ
　(3)バチカン市国　(4)ア
3 (1)ア　(2)ルール（工業地域）　(3)①オ　②イ
　③ウ
4 (1)エ　(2)ウ
　(3)（右図）
　(4)（例）加盟国間の
　　経済格差が大きい。

ベルギー	47597
フランス	42289
ハンガリー	15612
ポーランド	14791

0　10000　20000　30000　40000　50000
（ドル）

解 説

1 (1)ヨーロッパは，**日本よりも高緯度に位置している**ことに注意する。日本の東北地方を通る北緯40度の緯線は，ヨーロッパでは南部のイタリアやスペインを通っている。
(2)国土の大部分が**低湿地**のオランダでは，排水が大切な作業であった。かつては排水に**偏西風を利用した風車**が使われていた。
(3)ライン川はアルプス山脈から流れ出て，おもにドイツ国内を流れ，オランダを通って**北海**に注いでいる。aはエルベ川，cはセーヌ川，dはドナウ川である。
(4)①のロンドンは年間の気温や降水量の変化が小さく，高緯度であっても冬は比較的温暖な**西岸海洋性気候**である。②のベルリンは温帯に属するが，夏と冬の

気温の差が大きい**内陸性の気候**。③のニースは夏は高温で乾燥し，温和な冬に雨が多い**地中海性気候**である。
(5)気候の特色を生かした**地中海式農業**が行われている。夏は乾燥に強い**オリーブ・ぶどう**などの果樹が栽培されている。

2 (1)言語圏の分布とキリスト教の宗派の分布はほぼ重なっている。
(2)ラテン系言語を話す人々は，おもにヨーロッパ南部に分布している。アは**スラブ系言語**，ウ・エは**ゲルマン系言語**である。
(3)**バチカン市国**はローマ市内にあり，カトリックの総本山，サン・ピエトロ大聖堂がある。
(4)アはイスラム教徒の生活習慣である。

3 (1)この地域で行われている農業は**酪農**。オランダ・デンマークなどでは酪農がさかんで，チーズ・バターなどの乳製品を輸出している。**イ**は中国の華南や東南アジアで行われている**米の二期作**，**ウ**はおもにヨーロッパのアルプス以北で行われている**混合農業**，**エ**は地中海沿岸で行われている**地中海式農業**の説明である。
(2)**A**はドイツ。ルール地方はライン川流域にあり，古くから**石炭の産地**であった。地元で産出する石炭とライン川の水運を結びつけて，鉄鋼など重化学工業がさかんな工業地域が形成された。ヨーロッパで近代におこった工業地域は，地域の資源を活用して発展した。
(3)**B**はフランス，**C**はイギリス。先端技術を生かして，ドイツでは医薬品，フランスでは航空機の生産がさかんである。また，イギリスは**北海油田の開発**により，石油〔原油〕の輸出国となっている。

4 (1)**ア**.ユーロは一部の国では導入されていない。**イ**.医師や弁護士などの仕事の資格は共通であり，ほかの加盟国でも働くことができる。**ウ**.ヨーロッパでは**パークアンドライド**の導入や風力発電などの**再生可能エネルギー**の推進など，**持続可能な社会**への取り組みが進んでいる。
(2)スイスは**永世中立国**で，どこの国とも同盟を結ばず，EUにも加盟していない。国際連合にも加盟していなかったが，国民投票の結果を受けて，2002年に加盟した。
(3)一番下にある目盛りに注意して，**棒グラフ**として作図する。
(4)ドイツ・フランスなどの西ヨーロッパの国々は，早くから工業が発達し，現在は先端技術産業の分野でも世界をリードしている。そのため，１人あたりの国内総生産はたいへん高い。他方，ギリシャ・ポルトガル・スペインなどの南ヨーロッパの国々は農業国で，工業化が比較的遅れた。21世紀になって加盟した東ヨーロッパ諸国は，経済的な後進国がほとんどであった。そのため，EU域内では経済格差が拡大している。

3 アフリカ州

STEP 1 要点チェック

テストの要点を書いて確認　　本冊P.32

①サハラ（さばく）　②アフリカ連合〔AU〕

③ガーナ　④ナイジェリア　⑤ナイル（川）

⑥サヘル　⑦赤道　⑧南アフリカ共和国

STEP 2 基本問題　　本冊P.33

1 (1)①ナイル（川）　②コンゴ（川）
　　　③サハラ（さばく）
　(2) A—ウ　　B—ア
2 (1)①奴隷　②アメリカ　(2)公用語
　(3) スラム
3 (1)ウ　(2)石油〔原油〕　(3)モノカルチャー経済

解説

1 (1)①ビクトリア湖から流れ出て地中海に注いでいる**世界最長**の川である。
②コンゴ川の流域には**コンゴ盆地**が広がり，流域面積が広大である。
③サハラさばくの南のふちは**サヘル**とよばれ，農牧業が行われているが，人口の増加にともなう過耕作や過放牧が原因となって，近年**さばく化**が深刻である。
(2) A．地中海沿岸は温帯の**地中海性気候**で，夏は高温で乾燥するが，冬は比較的雨が多い。そのため，ぶどうなどの果樹栽培のほか，小麦の栽培も行われ，都市も発達している。B．赤道付近は年間を通じて高温多雨の熱帯の気候。コンゴ盆地では**焼畑農業**によって，いも類などを栽培している。

2 (1)アフリカから南北アメリカ大陸に奴隷として連れていかれた人々の数は1000万人以上といわれる。
(2) 各民族は固有の言語を持っているが，複数の民族が混在する国では，ヨーロッパ諸国の植民地時代から使われてきた言語を共通の言語として使用している。
(3)アフリカでは，仕事を求める人々が都市へ流入し，都市化が進むところが増えている。仕事に就けない人々は，上下水道や電気の整備が追いつかない地区で暮らし，**スラム**が形成されている。2030年までに達成を目指す**SDGs〔持続可能な開発目標〕**のゴール11「住み続けられるまちづくりを」では，スラムの改善がターゲットとして取り上げられている。

3 (1)**カカオ**の栽培は，**年中気温が高くて降水量の多い地域**で行われる。**ウ**のギニア湾沿岸はそのような気候条件であり，この地域にあるコートジボワール・ガーナなどは世界有数の生産国となっている。
(2) Aはリビア，Bはアルジェリア，Cはナイジェリアである。リビアやアルジェリアのある北アフリカは，世界的な油田地帯の1つである。
(3)ザンビアは銅，ナイジェリアは石油〔原油〕に依存する。

STEP 3 得点アップ問題　　本冊P.34

1 (1)イ　(2)ウ　(3)さばく化　(4)①エ
　②ウ　③イ
2 (1)ア　(2)(記号)オ　(国名)南アフリカ共和国
　(3) 経線
　(4)(例)労働力を失い，アフリカの発展を遅らせた。
3 (1)①カカオ豆　②ア　(2)エ　(3)レアメタル
4 (1)①植民地　②独立　(2)ウ
　(3)①（右図）
　②モノカルチャー経済
　③(例)輸出品の種類が
　少ないため，国の収入が安定しない。

無機化合物 2.2 ┐

銅 75.2%		その他 22.6

0　10　20　30　40　50　60　70　80　90　100　%

解説

1 (1)赤道はアフリカ大陸のほぼ中央を横切り，西では**ギニア湾の海上**を通る。アは北緯10度の緯線，**ウ**は南緯10度の緯線である。
(2) Aはナイル川。アはヨーロッパのライン川，イはアジアのインダス川，エは南アメリカのアマゾン川のこと。
(3) Bは**サヘル**とよばれる一帯。さばく化にともなって，干ばつの際に多数の**難民**が発生したこともある。近年，**さばくの緑化計画**が進められており，日本の**非政府組織〔NGO〕**も協力している。
(4)①はエジプトのカイロ。降水量がきわめて少ない乾燥帯の気候。②はコンゴ共和国のポアントノアール。年中高温で降水量が多い熱帯の気候であるが，**雨季と乾季**がみられる。③は南アフリカ共和国のケープタウン。温帯の気候であるが，**南半球に位置するため季節が北半球と逆である**。なお，アはフランスのニースのグラフで，温帯の気候である。

2 (1)アはアルジェリア。**北アフリカ**では**イスラム教**が広く分布している。
(3) Aはエジプト，Bはリビア，Cはナミビア，Dはボツワナ。国境線が**たての直線**であることに注目する。

3 (1)チョコレートやココアの原料。ギニア湾岸の国々で栽培がさかん。
(2)アフリカの55の国と地域が加盟。政治的・経済的統合の実現，紛争の予防・解決に向けて，それまでのアフリカ統一機構〔OAU〕から発展して結成された。

4 (2)**ウ**の少子高齢化は，日本やヨーロッパなどの先進国で深刻な人口問題。アフリカでは，人口爆発が問題となっている。また，人口増加と食料不足から，栄養不足の人口割合も高くなり，病気に対する抵抗力が弱まることで工のような病気で死亡する人も多い。
(3)農作物は天候不順や不作，また農作物や鉱産資源の輸出において，世界経済の状況で国際価格が下落することもあり，単一品目の輸出だけにたよると，国の経済が不安定になりやすい。

4 北アメリカ州

STEP 1 要点チェック

テストの要点を書いて確認

本冊 P.36

①ロッキー（山脈）　②シリコンバレー　③小麦
④ロサンゼルス　⑤五大湖　⑥ニューヨーク
⑦サンベルト　⑧アパラチア（山脈）

STEP 2 基本問題

本冊 P.37

1 (1)①ロッキー（山脈）　②アパラチア（山脈）
③ミシシッピ（川）　④中央（平原）　(2)五大湖
(3)エ

2 (1)ネイティブアメリカン　(2)ヒスパニック
(3)エ　(4)ア

3 (1)①ア　②ウ　(2)シリコンバレー　(3)石炭

解説

1 (1)①**ロッキー山脈**は高く険しい山脈で，地殻活動が活発な**環太平洋造山帯**に属している。
②**アパラチア山脈**は低く，なだらかな山脈。石炭などの鉱産資源が豊富である。
③**ミシシッピ川**は物資の運搬など内陸交通路として利用されてきた。
④アメリカ合衆国のほぼ中央にある広大な平原で，世界有数の農業地帯である。
(2)**五大湖**は観光地であるとともに，沿岸にはデトロイト・シカゴなどの都市があり，工業地域が形成されている。
(3)北アメリカの気候は，北に行くほど寒冷で，南に行くほど温暖である。**エ**のマイアミのあるフロリダ半島は亜熱帯性の気候で，冬場の避寒地としても知られている。

2 (1)アメリカ大陸の近くの島に到達したコロンブスが，その地をインドと信じこんだことから，先住民は**インディアン**ともよばれた。**ネイティブアメリカン**は独自の文化や生活様式を持つが，入植したヨーロッパ人が開拓を進めるなか，人口が激減した。
(2)**ヒスパニック**とは，メキシコ，グアテマラなどの中央アメリカとよばれる地域の国々や，キューバやジャマイカなどのカリブ海諸国からの移民やその子孫。これらの国々は，かつてスペインの植民地であったことから，スペイン語を日常生活で使っている。現在，アメリカ合衆国の総人口の約2割ほどがヒスパニックでしめられている。豊かな生活を求めてアメリカ合衆国へ移住する人が多く，その中には不法に入国する人も多く，問題となっている。アメリカ合衆国とメキシコの国境に壁を築くなど，不法移民の取りしまりを厳しくする動きもある。
(3)日本の国土面積は約38万km²。983÷38＝25.8…となり，約26倍となる。

3 (1)①**グレートプレーンズ**とよばれる草原で，小麦の大産地である。大型機械を使った大規模な栽培が行われており，収穫した**小麦**は世界中に輸出されている。
②カリフォルニアは**地中海性気候**で，夏は乾燥し，暖かい冬に雨が多い。したがって，夏は乾燥に強いオレンジなどの果樹が栽培されている。
(2)**A**は**サンフランシスコ**。**シリコンバレー**はサンフランシスコ近郊のサンノゼ一帯の通称で，世界中から人材が集まり，研究や開発を進めている。
(3)**B**は**アパラチア炭田**。アメリカ合衆国は石炭をはじめ，石油・天然ガスなどの資源が豊富である。

STEP 3 得点アップ問題

本冊 P.38

1 (1)ロッキー山脈　(2)①ウ　②ア　(3)イ
(4)(国名)カナダ　(説明)ウ

2 (1)①イギリス　②スペイン　(2)イ
(3)(例)自動車が国民に広く**普及**しているから。

3 (1)①とうもろこし　②ウ　(2)穀物メジャー
(3)(例)広い耕地で大型の機械を使って大規模に効率よく栽培，生産できるから。

4 (1)多国籍企業　(2)A―イ　B―オ
(3)①ウ　②サンベルト　③カ
(4)①ウ　②ア

解説

1 (1)**A**は**ロッキー山脈**，**B**は**アパラチア山脈**。アパラチア山脈は低くてなだらかである。
(2)①グラフを見ると，夏は高温で降水量が少なく，冬は温和で降水量が多くなっている。これは**地中海性気候**の特徴，**ウ**のロサンゼルスがあるカリフォルニアの気候である。
②グラフを見ると，年間の気温の差が大きい。冬の寒さがきびしく，夏もすずしい気候なので，北極圏に近い**ア**のアンカレジである。
(3)**ニューヨーク**について述べている。株式の取り引きの中心地であるウォール街のほか，物流の拠点となる大貿易港もある。
(4)**カナダ**は政治・経済などあらゆる面でアメリカ合衆国と密接に結びついている。**ア**．世界第2位。最大はロシア連邦。**イ**．国民の大部分はキリスト教徒である。**エ**．ドイツ語ではなくフランス語。カナダはイギリスの植民地であったことから，英語を公用語としている。しかし，ケベック州では，フランス語を話す人の割合が高く，フランス語も公用語である。

2 (1)①東部に入植した人々は，本国のイギリスの課税に反発して**独立戦争**をおこし，1776年に独立宣言を発表した。
②中・南アメリカの国々は，ほとんどが**スペインの植民地**であったことから，これらの国の出身者はスペイン語を話すことが多い。

(2)南北アメリカ大陸に**奴隷**として連れてこられたのは、アフリカ大陸のおもにサハラさばくより南の地域の人々である。アメリカ合衆国では、南部の綿花地帯などで農作業に従事させられた。

(3)自動車はアメリカ合衆国で大量生産が始まった。アメリカ合衆国の国民にとって自動車は不可欠な生活必需品となっており、人々は高速道路を利用して郊外のショッピングセンターに出かけ、食料品や日用品を大量にまとめ買いする。高速道路沿線のショッピングセンターには、レストラン街や娯楽施設がそなわっているところもある。

3 (1)①**とうもろこし**は、おもに肉用牛などの飼料として用いられている。日本はアメリカ合衆国からさまざまな農作物を大量に輸入しているが、とうもろこしは肉類と並んで輸入額が多い品目である。

②とうもろこしは、**プレーリー**とよばれる**肥沃な土**壌の地域で大規模に栽培されている。

(2)**穀物メジャー**は、国際市場において強い発言力をもち、穀物の価格決定に影響をあたえている。

(3)広大な耕地で、大型の機械を用いて大量に生産できると、生産にかかる最終的な費用はきわめて安くなる。したがって、販売価格も安くなり、安い農産物を海外に大量に輸出することができる。

4 (1)アメリカ合衆国の**多国籍企業**は、かつては鉄鋼・自動車・電気機械・石油製品といった製造業の分野が多かったが、近年は**ICT〔情報通信技術〕関連企業**などの多国籍企業が目立っている。

(2)**A**のデトロイトは、20世紀初め、流れ作業による大量生産方式で自動車工業が発達した。しかし、大手自動車メーカーの倒産により、デトロイトは財政破綻した。**B**のヒューストンは、ロケットなどの航空宇宙産業のほかに、メキシコ湾岸で産出する石油を原料とする工業も発達している。

(3)気候が温暖であったこと、労働者の賃金が比較的低かったこと、石油・天然ガスなどの資源が豊富であったこと、広い工業用地が得られたことなどにより、1970年代以降、**北緯37度以南のサンベルト**とよばれる一帯で工業が急成長した。サンベルトでは、先端技術産業が発達している。先端技術産業には、航空機や人工衛星をつくる航空宇宙産業、エレクトロニクス産業、ソフトウェア開発を行うICT〔情報通信技術〕関連産業、バイオテクノロジーなどがある。

(4)①シリコンバレーに拠点があるICT〔情報通信技術〕関連産業の多国籍企業は多い。また、アジアの人々が多く働き、シリコンバレーの企業で働いた後、インドや台湾のように自分の国や地域で起業して、発展させる例も多い。

②かつては、五大湖周辺で産出する石炭や鉄鉱石を水上交通や鉄道輸送と結びつけて鉄鋼業が発展した。しかし、現在は、ピッツバーグの鉄鋼業やデトロイトの自動車工業は衰えて、周辺地域は**ラストベルト〔赤さび地帯〕**とよばれ、失業者の雇用問題や都市の荒廃が問題となっている。

5 南アメリカ州

STEP 1 要点チェック

テストの **要点**を書いて確認　　　本冊 P.40

①アンデス（山脈）　②エクアドル　③インカ（帝国）
④チリ　⑤ベネズエラ　⑥アマゾン（川）
⑦熱帯林〔熱帯雨林〕　⑧バイオエタノール〔バイオ燃料〕
⑨アルゼンチン

STEP 2 基本問題　　　本冊 P.41

1 (1)①アンデス（山脈）　②ブラジル（高原）
③アマゾン（川）　④ラプラタ（川）
(2)パンパ　(3)ウ

2 (1)インカ帝国　(2)スペイン　(3)ウ

3 (1)①ア　②エ　(2)ウ
(3)①熱帯林〔熱帯雨林〕　②鉱山

解説

1 (1)①**アンデス山脈**は、南アメリカ大陸の太平洋側を南北に細長くのびている。
②ブラジル高原は標高500〜1000mの高原で、**カンポ**とよばれる**サバナ気候の草原**が広がっている。
③アマゾン川は支流が多く、流域面積は広大である。
(2)**パンパ**は温帯の草原で、**小麦・とうもろこし**の栽培がさかんである。
(3)赤道に近い低緯度地域は本来は熱帯の気候であるが、高地では気温が低くなるので、春のような気候になる。**エクアドルのキト**や**ボリビアのラパス**は、アンデスの高地にある。

2 (1)**インカ帝国**には石づくりの神殿や道路網があり、農業が発達していた。
(2)ブラジル以外のほとんどの地域はスペインによって植民地化されたため、**スペイン語**が公用語となっている。
(3)**カーニバル**は毎年2月から3月にブラジル各地で開かれ、人々は**サンバ**のリズムに合わせて踊り熱狂する。**ア**はアメリカ合衆国の音楽、**イ**はアルゼンチンの舞踏音楽である。**エ**はイスラム教の教典であるが、ブラジルではおもに**キリスト教**が信仰されている。

3 (1)南アメリカでは、①のベネズエラやエクアドルで石油の産出が多い。ベネズエラは、石油輸出国機構〔**OPEC**〕に加盟している。②のチリやペルーは世界有数の銅の産出国。
(2)コーヒー豆の生産上位国は、**ウ**のブラジルのほかに**イ**のコロンビアも入っている。また、東南アジアのベトナムやインドネシアでも生産がさかん。明治時代にブラジルへ移住した日本人は、コーヒー農園で従事した歴史もある。
(3)**A**のアマゾン川流域をはじめとして、ブラジルでは熱帯林を切り開く開発が進められた。鉱山開発のための鉄道や横断道路などがある。

1 (1)エ　(2)(平原)パンパ　(農作物)イ
(3)①ウ　②ア　③イ　(4)エ

2 (1)①スペイン　②ポルトガル
(2)マチュピチュ遺跡　(3)先住民　(4)ア

3 (1)コーヒー豆　(2)ウ，オ(順不同)
(3)①オ　②イ

4 (1)イ　(2)二酸化炭素
(3)①バイオエタノール〔バイオ燃料〕
②(例)環境問題の解決のために，燃料の原料となる作物の畑を開発することは，新たな森林破壊につながってしまうおそれがある。

解説

1 (1)**A**は**アマゾン川**。タイガはシベリアやカナダの冷帯にある針葉樹である。
(2)**B**は**ラプラタ川**。
(3)①は年中高温で雨が多い**熱帯の気候**である。②は年間の気温の変化が小さい，**赤道付近の高地の気候**である。③は四季の変化が明らかな**温帯の気候**であるが，**季節が北半球と逆**である。
(4)東京の対蹠点は，アルゼンチンの東方の大西洋上にある。

2 (1)南アメリカのほとんどの国は，19世紀中ごろまでにスペインやポルトガルから独立した。
(2)**マチュピチュ遺跡**はアンデス山中にある。
(3)現在は，先住民やヨーロッパ系の人々のほか，**メスチーソ**とよばれる混血の人々が多い。
(4)ブラジルで暮らす日系人は約190万人もいる。なお，**エ**のBRICSとは経済成長の著しい国々で，ブラジル，ロシア，インド，中国，南アフリカ共和国の頭文字から名づけられている。

3 (1)コーヒーの木を栽培して実を収穫，コーヒー豆として輸出する。
(2)ブラジルは，1960年代後半から工業化が進み，鉄鋼業や自動車工業が発達。また，航空機の製造や大規模な海底油田の開発により，航空機や原油〔石油〕も輸出されるようになった。
(3)**Ⅱ**の①のグラフは**オ**のアルゼンチン。ブラジルと同じように工業化が進んでいる。

4 (1)**ア**. 先進国ではなく**発展途上国**。**ウ**. インドネシアは森林減少量が大きい。**エ**. ベネズエラなどでも減少している。
(2)森林は，**二酸化炭素**を取り入れて酸素をつくる。
(3)①**バイオエタノール**の原料には，さとうきびのほか，とうもろこしも使われている。
②開発と環境保全を両立させる「**持続可能な開発**」に取り組むことが重要。別解として，「**食料用のさとうきびの生産量が減り，食料不足や価格高騰のおそれもある。**」でも可。

---

6 オセアニア州

STEP 1 要点チェック

テストの要点を書いて確認　本冊 P.44

①鉄鉱石　②牧羊　③さばく　④小麦
⑤さんご礁　⑥グレートディバイディング(山脈)
⑦石炭　⑧シドニー　⑨ニュージーランド

STEP 2 基本問題　本冊 P.45

1 (1)①グレートディバイディング(山脈)
②大鑽井(盆地)　(2)ポリネシア　(3)①温帯
②乾燥帯

2 (1)イギリス　(2)①アボリジニ
②マオリ　(3)エ

3 (1)①ウ　②イ　③ア　(2)A―オ　B―ア

解説

1 (1)①**グレートディバイディング山脈**はオーストラリア大陸の東部を南北に走る山脈。古い地質時代に形成された低くてなだらかな山脈である。
②地下水をくみ上げるための**掘り抜き井戸**が多い。
(3)①ニュージーランドは温帯の**西岸海洋性気候**に属する。オーストラリアの南東部は温帯であるが，南の地域は**西岸海洋性気候**や**地中海性気候**，北の地域は**温暖湿潤気候**の特徴がみられる。
②内陸には，**グレートサンディーさばく**や**グレートビクトリアさばく**が広がっている。

2 (1)イギリスの国旗である**ユニオンジャック**が取り入れられているのは，オーストラリア，ニュージーランド，ツバルなどのオセアニアの国。イギリス連邦というイギリスを中心とした国々の集まりの一員であることを意味する。オーストラリアは，18世紀にイギリスの植民地となり，イギリス人の移住が進んだ歴史がある。
(2)①**アボリジニ**の祖先は，ユーラシア大陸から島伝いに移り住んだと考えられている。
(3)人口は，過ごしやすい気候の地域で多い。

3 (1)①**小麦の栽培**は，一定の降水量がある温帯の地域でさかんである。オーストラリアは世界有数の小麦の生産・輸出国である。
②**羊の放牧**は，250 ～ 500mm程度の降水量がみられる地域でさかんである。
③**牛の放牧**は，羊の飼育地域よりも降水量の多い地域でさかんである。オーストラリア産の牛肉は「オージービーフ」とよばれ，日本へ輸出されている。
(2)北東部と南東部で石炭，北西部のピルバラ地区で鉄鉱石を産出する。近年は，ほかに天然ガスの開発が進み，輸出も増えている。

1 (1)イ　　(2)(都市名)キャンベラ　(位置)d
(3)ア　　(4)①ウ　②エ　③ア

2 (1)①イギリス　　②白豪
(2)アボリジニ
(3)イ　　(4)(例)さまざまな文化が共存し，たがいを尊重し合う社会。

3 (1)①牛　②羊　③小麦　④多い　(2)イ
(3)(例)効率よく大規模に採掘することができる。

4 (1)A. 日本　B. 中国　(2)イ・エ(順不同)
(3)①ウ　②オ

解説

1 (1)**東経135度の経線**は，日本の標準時の基準となる経線で，日本では兵庫県を通っている。この経線は，オーストラリア大陸の中央を通っているので，日本とオーストラリアはほぼ同じ経度に位置しているといえる。アは東経120度，ウは東経150度の経線である。
(2)Aはオーストラリア。最も人口が多いのはシドニーだが，**首都はキャンベラ**である。
(3)Bはニュージーランド。国土の特色は日本と似ていて，大部分は温帯に属する。
(4)①は年中高温で雨が多い**熱帯の気候**である。②は降水量がきわめて少ない**乾燥帯の気候**である。③は四季の変化が明らかな**温帯の気候**であるが，**季節が北半球と逆**である。

2 (1)②**アジア系の移民**が増加したため，20世紀はじめから非ヨーロッパ地域からの移民を制限する**白豪主義**がとられた。
(3)アはヨーロッパ州，ウはアフリカ州。白豪主義は1970年代に廃止され，以降は中国，ベトナムなどのアジア系の移民が増えた。
(4)世界各地からの移民の増加で，多様な人々が暮らしていく中で，それぞれの文化を認め合い，共に社会を築いていく考えを大切にしている。

3 (1)①②牛の飼育地域と羊の飼育地域を比較すると，**牛の飼育地域の方が降水量が多い**。
(2)石炭はおもに東部で産出するので，日本への積出港は東部にある**イ**を選ぶ。
(3)地中深くに坑道を掘り下げたりせずに済む，露天掘りの効率性に着目する。

4 (1)Bは1960年には上位になく，2017年に1位となっていることから，中国と判断できる。
(2)Aは日本。ウ…オーストラリアは外国語教育に力を入れ，小学校の低学年から日本語やイタリア語，ベトナム語などの授業がある。
(3)①化学せんいにおされ，羊毛の生産や輸出は減っている。②鉄鋼の主要原料。日本はオーストラリアから多く輸入している。

---

1 (1)①イ　②(記号)ア　(理由)(例)アの地域の方が，気温が低く，降水量も少ないから。
(2)①d　②(例)機械を多く使って，広い耕地を少ない人数で耕作する大規模な農業が行われている。

2 (1)プランテーション　　(2)シリコンバレー
(3)イ

3 (1)A―エ　C―イ　(2)ウ　(3)ヒンドゥー
(4)ポルトガル

4 (1)EU　(2)ウ　(3)エ
(4)(例)特定の鉱産資源の輸出にたよっている。

解説

1 (1)①中国には，**フーシュン**などに大規模な炭田があり，世界最大の産出国になっている。また，アメリカ合衆国には**アパラチア炭田**がある。
②アの**黄河流域の華北**は，小麦・とうもろこし・綿花などの畑作が中心である。他方，**イの長江流域の華中**やチュー川流域の**華南**は稲作が中心である。稲作では，夏に気温が高くなり，降水量が多くなることが条件である。**華北は気温が低く，降水量もあまり多くない**ので，**小麦の栽培に適している**。
(2)①国土が広大なアメリカ合衆国は，地域による気候の違いがたいへん大きい。d. **乾燥帯**は西部の広い範囲にわたっている。a. 温帯であるが，東部は夏に降水量が多い温暖湿潤気候，西部の太平洋岸は冬に降水量が多い地中海性気候である。b. 北部の大部分をしめている**冷帯〔亜寒帯〕**の気候である。c. ロッキー山脈の高地なので，平地よりも気温が低い**寒帯**の気候である。
②アメリカ合衆国と日本の農業経営の規模のちがいを読み取る。少ない労働力で広大な面積を経営するために，農業機械を多く保有し，高い収穫量をあげるために企業的な農業を行っていることを記述すればよい。

2 (1)インドネシアなどの東南アジア諸国は，第二次世界大戦前はほとんどの国が欧米諸国の**植民地**であった。欧米諸国は，東南アジアにプランテーションとよばれる大農園をつくり，現地の人々を労働者としてやとい，天然ゴム・コーヒー・ココやしなどを大規模に栽培した。独立後のインドネシア・マレーシアでは，以前はプランテーションから発展した**天然ゴム**を主要な輸出品とした。近年は工業化が進展し，電気機械などの工業製品が輸出の中心となっている。
(2)カリフォルニア州のシリコンバレーには，先端技術産業の研究拠点となっている大学も多く，そこで育った人材がICT〔情報通信技術〕関連産業で活躍している。また，アジアからの留学生も多く，シリコンバレーで会社を起業する者もいる。また，アメリカの多国籍企業が開発したものとして，コンピューターや携帯電話の基本ソフトウェア，SNS，インターネット

ショッピングのシステムなどがある。

(3)**イ**のASEANは東南アジア諸国連合のことで，東南アジアの10か国が加盟している組織。オーストラリアは，1989年に**APEC**〔**アジア太平洋経済協力会議**〕の結成を主導した。

❸(1)生産量，消費量とも突出して多いことに着目して，**イ**を**C**（アメリカ合衆国）とする。次に生産量が多い**エ**は消費量が少ないことに着目して，**A**（ロシア）とする。

(2)**B**はインド。**米の生産量がきわめて多く，小麦も多い**ことに着目して**ウ**を選ぶ。インドの米の生産量は，中国に次いで世界第2位である。**ア**はとうもろこしの生産量がきわめて多く，小麦の生産量も多いことから，**C**のアメリカ合衆国。**エ**は小麦の生産量が多く，米の生産量が少ないことから，**A**のロシア連邦となる。

(3)**B**のインドは，シャカが生まれ，仏教がおこった国であるが，仏教は早くにおとろえ，現在では国民の大部分は**ヒンドゥー教**を信仰している。イスラム教徒は少数派であるが，インドの全人口にしめる割合が小さいだけで，実際は2億人近くいる。

(4)**D**はブラジル。南アメリカ大陸は，**スペインとポルトガル**によって征服されたが，スペインは主としてアンデス地方を植民地とし，ポルトガルは東部を植民地とした。このような経緯でポルトガルの植民地となったブラジルの地域は，独立後も**ポルトガル語が公用語**として使われている。

❹(1)**B**はドイツ，**C**はフランス，**D**はイタリアである。1993年，これらの国々など12か国で構成されていた**E C**〔**ヨーロッパ共同体**〕が発展して**EU**〔**ヨーロッパ連合**〕が発足した。

(2)**ア．A**はイギリス。**イ．**ドイツでは，風力発電などの**再生可能エネルギー**の導入が進んでいる。**ウ．**フランスでは，ラテン語系のフランス語を話す人が多い。ゲルマン語系はイギリスの英語やドイツのドイツ語など。**エ．**バチカン市国は面積が世界最小の国。

(3)チョコレート・ココアの原料となる農作物は**カカオ**である。カカオは**1年を通じて気温が高く，雨が多い地域**が栽培に適している。**エ**の**ギニア湾沿岸**がこのような気候の地域である。

(4)**E**はナイジェリア，**F**はザンビアである。ナイジェリアは石油，ザンビアは銅が輸出の大部分をしめている。アフリカ諸国に共通する，特定の農産物や鉱産資源の生産・輸出にたよるモノカルチャー経済の問題点をおさえておこう。

❶ 地図のきまり・地域調査

テストの**要点**を書いて確認　　本冊 P.52

①国土地理院　　②縮小　　③地形図上の長さ　　④北
⑤等高線　　⑥急　　⑦市役所〔東京都の区役所〕
⑧病院　　⑨消防署　　⑩寺院　　⑪郵便局　　⑫図書館
⑬水準点　　⑭田〔水田〕　　⑮畑
⑯広葉樹林　　⑰針葉樹林　　⑱ルート（マップ）

1 (1) 5万（分の1）　　(2) 1500（m）
　　(3) **A**．郵便局　　**B**．図書館　　**C**．警察署
　　　D．田〔水田〕　　**E**．老人ホーム
　　(4) 広葉樹林　　(5) 南東　　(6) ウ　　(7) ア
　　(8) 60（m）

2 ①国土地理院　　②小さ　　③大き　　④新旧
　　⑤地図記号　　⑥形

解説

1 (2)地図から実際の距離を求めるには，地図上の長さ×縮尺の分母を計算する。よって，3（cm）×50000＝150000（cm）＝1500（m）である。

(4)山の斜面には □ の地図記号が多くみられる。これは，**広葉樹林**を示している。

(5)**地図の上が北の方位**を指すので，**X**の山頂の右下にある**B**は，**南東**の方位にあたる。

(6)**A**の南には □ の地図記号がみられる。これは**田〔水田〕**の地図記号なので，農作物としては**米**となる。

(7)等高線の間隔が広いところほど，**傾斜がゆるやか**になるので，**イ**よりも**ア**のほうがゆるやかである。

(8)縮尺が5万分の1なので，主曲線（細い等高線）は20mおきに引かれている。200mの等高線の上は220m，2本下は160mである。

2 ②・③は縮尺の分母が大きくなるほど，縮尺そのものは小さくなるので注意する。縮尺20万分の1と縮尺5万分の1の地図では，5万分の1の方が縮尺が大きいということで，地図の表現はより詳細になる。

④新旧の地形図の入手について，国土地理院が発行している紙の地形図もあるが，ウェブサイト「地理院地図（電子国土web）」で気軽に閲覧することができる。インターネット上にデジタル地図が公開されており，日本の全体図から縮尺を自由に変えることができる。また，災害情報や，空中写真や白地図の画面に切り替えることもできるため，新旧地形図の比較や，野外調査のルートマップ用として利用することもできる。

1 (1)北東　　(2)イ　　(3)イ
　　(4)①ア　②エ　③カ　　(5)ルートマップ

2 (1)ウ　　(2)果樹園　　(3)博物館〔美術館〕
　　(4)扇状地

3 (1)8（cm）　　(2)イ・オ（順不同）

4 (1)イ　　(2)（例1）埋め立て地がつくられた。
　　(例2）南側が埋め立てられた。

解説

1 (2)縮尺が5万分の1なので，**等高線は20mおき**に引かれている。A山の山頂は約180m以上，B地点は約90mである。高低に注意して数値が近いものを選ぶ。
　(3)標高120mの地点には♙の地図記号がある。これは，神社を表している。
　(4)①は⊗（警察署），②は⊕（病院），③は〜〜（畑）に着目する。
　(5)紙の地図やタブレット型端末を使ったデジタル地図などを活用するとよい。

2 (1)等高線の間隔がせまいほど，土地の傾斜は急になる。
　(2)♦の地図記号が広く分布している。これは，果樹園を表している。
　(3)450mの太い等高線（計曲線）があるので，これを参考にする。血の地図記号の建物（博物館・美術館）があてはまる。
　(4)地形図の右下を頂点に，扇状に傾斜地が広がっているので，**扇状地**である。

3 (1)2（km）＝2000（m）＝200000（cm）　200000（cm）÷25000＝8（cm）となる。
　(2)地形図中の等高線は目立たないが，標高を表す数字はおおむね590m前後を示しているので，**イ**は誤り。JRの「まつもと」駅の隣に私鉄の駅があり，私鉄の路線がのびているので，**オ**は誤り。

4 (1)2000年の地形図は1956年の地形図よりも☼の地図記号が増えている。これは**工場**を示している。
　(2)1956年には海であったBの南側の水域は，2000年には陸地になっている。陸地の形は直線的なので，人工的に造成された**埋め立て地**であることがわかる。

第3章｜身近な地域の調査
定期テスト予想問題

❶ (1)ウ　　(2)イ

❷ ウ

❸ (1)ウ　　(2)エ　　(3)小学校〔中学校〕　　(4)ウ
　　(5)田〔水田〕　　(6)イ
　　(7)2万5千分の1地形図

❹ （例）（地点A，地点Bを直線の道路で結んだ場合と比べて，）**等高線**にほぼ沿うように道路がつくられているため，道路の**傾斜**はゆるやかになっている。

解説

❶ (1)**北西**はA地点から**左上の方向**。〜〜（畑）の中を通り，⊕（病院）に突き当たる。そこから東（右）へ行くと，右に卍（寺院）を見ながら，**ウ**に到着する。
　(2)断面図は，**X**側の山の方が**Y**側の山よりも少し高くなっており，また，**X**側の山の方が**等高線の間隔がせまい**ので，**傾斜が急**であることに注意する。

❷ 「長坂台」の東側にある✿は発電所〔変電所〕の地図記号なので，**ウ**が正しい。**ア**．くわ畑（ˇ ˇ ˇ）はみられない。墓地（▯ ▯）や針葉樹林（∧ ∧ ∧）が広がっている。**イ**．縮尺は2万5千分の1なので，1（km）＝100000（cm）÷25000＝4（cm）となるので，誤り。**エ**．病院（⊕）は地形図の左下に，高等学校（⊗）は地形図の右上にあるので，病院から見て高等学校は北東に位置していることになり，誤り。

❸ (1)「柏倉」の郵便局（〒）の近くに水準点（▫）があり，その標高は138.3mである。また，富神山の山頂の三角点（△）は402.2mを示している。よって，標高差は402.2（m）－138.3（m）＝263.9（m）となる。
　(2)A地点にある卍（寺院）は，太い等高線（計曲線）のそばに位置している。**5万分の1地形図では，計曲線は標高100mおきに引かれている**。この計曲線は，高さ384mの大森山の山頂から低い方へおりた2本目の計曲線なので，200mとわかる。
　(3)⌦は，小・中学校を表す地図記号である。高等学校は⊗なので，まちがえないようにする。
　(4)2（cm）×50000＝100000（cm）＝1000（m）となる。
　(5)「百目鬼」の集落の周辺には，（▯ ▯）の地図記号が広がっている。これは，田〔水田〕を表している。
　(6)水は高い方から低い方へと流れる。「本沢川」の流路は何本かの等高線と交わっており，「西向」付近に143.2m，「中谷柏」付近に126.6mの水準点があるので，おおむね右から左に向かって，土地が高くなっていることがわかる。よって，「本沢川」は上流の南西方面から下流の北東方面へ流れていることになる。
　(7)地域のようすをより細かく調べたいときは，より縮尺の大きな地図を使う。5万分の1地形図と2万5千分の1地形図とでは，2万5千分の1地形図の方が縮尺が大きい。

❹ 地形図には，等高線が密にえがかれているので，険しい地形の地域である。地点Aはほぼ1010m，地点Bはほぼ940mの等高線上にあり，その標高差は約70mである。地点Aと地点Bとを結ぶ地形図上の曲がりくねった道路は，等高線に沿いながら少しずつ等高線をまたいでいる。長い距離をかけて70m分の高さを移動していることになるので，その傾斜はゆるやかであることがわかる。一方，地点Aと地点Bとを直線で結んだ道路では，短い距離で一気に70m分の高さを移動することになり，その傾斜は非常に急になる。一般に，山の斜面の道路は，傾斜が急になるのを避けるため，等高線に沿うように通っている。

1 日本の自然環境

テストの要点を書いて確認
本冊 P.58

①北海道　②日本海側　③太平洋側

④中央高地〔内陸〕　⑤瀬戸内　⑥南西諸島

本冊 P.59

1 (1) A．環太平洋造山帯

　　 B．アルプス・ヒマラヤ造山帯

　(2) A―イ，エ（順不同）　　B―ア，ウ（順不同）

　(3) アマゾン川

2 (1) ①飛驒山脈　　②木曽山脈　　③赤石山脈

　(2) A．リマン海流　　B．対馬海流

　　 C．親潮〔千島海流〕　　D．黒潮〔日本海流〕

　(3) エ

3 ①フォッサマグナ　②地震　③津波

　④ハザードマップ〔防災マップ〕　⑤減災

解説

1 (1) A．太平洋を取りまくように連なっていることから，**環太平洋造山帯**である。B．ユーラシア大陸の南を，ヨーロッパから東南アジアにかけて，ほぼ東西に連なっていることから，**アルプス・ヒマラヤ造山帯**である。

(2) A．北アメリカ大陸の太平洋側に**ロッキー山脈**，南アメリカ大陸の太平洋側に**アンデス山脈**がある。B．ヨーロッパの**アルプス山脈**と，アジアの**ヒマラヤ山脈**がふくまれる。

(3) 流域面積とは，川が水を集める範囲の面積のこと。Xは南アメリカ大陸北部で，この地域には多くの支流をもつ**アマゾン川**が流れている。

2 (1) Xの地域には，**日本アルプス**とよばれる高く険しい3つの山脈がある。このうち，北にある**北アルプス**が**飛驒山脈**，南にある**南アルプス**が**赤石山脈**，その間に位置する**中央アルプス**が**木曽山脈**である。

(2) 日本海側を南下する**A**がリマン海流，北上する**B**が対馬海流である。太平洋側を南下する**C**が**親潮〔千島海流〕**，北上する**D**が**黒潮〔日本海流〕**である。

(3) 亜熱帯の気候は，熱帯の気候に近く，1年を通して温暖で，降水量も多い気候。日本でこのような気候がみられるのは，沖縄などのある**南西諸島**だから，**エ**の沖縄県那覇市があてはまる。**ア**の北海道札幌市は冷帯〔亜寒帯〕の**北海道の気候**，**イ**の新潟市は冬の降水量が多い**日本海側の気候**，**ウ**の香川県高松市は温暖で降水量が少ない**瀬戸内の気候**である。

3 ①おおよそ新潟県糸魚川市と静岡県静岡市を結ぶ線を西の端とする溝状の地形で，**フォッサマグナ**という。東日本にある奥羽山脈は南北方向に連なり，西日本に

ある中国山地や四国山地は東西方向に連なっている。

②日本は大地の動きが活発な**造山帯〔変動帯〕**にあるので，地震や火山の噴火などが多く発生する。

③**津波**は地震が原因で発生する，海面が沖合いから盛り上がって沿岸に押し寄せる波である。一方，**高潮**は，台風や発達した低気圧により高波やうねりが発生して，海面が異常に高くなる現象のこと。違いをおさえておこう。

④**ハザードマップ〔防災マップ〕**は，自治体が地区ごとに作成し，ウェブサイトで公開しているので，調べて確認しておこう。

⑤**自助**や**共助**の考えから，災害発生時の被害を軽減する**減災**の考えが必要になってきている。

本冊 P.60

1 (1) 日本アルプス　　(2) イ

　(3) （平野）関東平野　　（川）利根川

　(4) イ・ウ（順不同）

2 (1) A．扇状地　　B．三角州

　(2) 土石流

　(3) （例）短くて流れが急である。

3 (1) リアス海岸　　(2) A，B（順不同）

　(3) A．親潮〔千島海流〕　　D．対馬海流

　(4) イ　　(5) 大陸棚

4 (1) （風）季節風〔モンスーン〕　（記号）Y

　(2) C―ア　E―ウ　　(3) a―ウ　　b―カ

　　 c―ア　　d―イ　　e―オ　　f―エ　　(4) 冷害

解説

1 (1)・(2)中央高地の**飛驒山脈，木曽山脈，赤石山脈**は，ヨーロッパのアルプス山脈にちなんで，**日本アルプス**とよばれている。**イ**の奥羽山脈は東北地方を南北に走る山脈である。

(3) Bは**日本最大の平野**である**関東平野**。台地が多いのが特徴である。関東平野を北西から東へ流れ，千葉県銚子市で太平洋に注ぐのは，**利根川**である。

(4) 世界には，高く険しい山脈が連なり，地震や火山の噴火が活発な造山帯が2つある。太平洋に面する日本列島が属するのは，**環太平洋造山帯**。よって，**イ**は正しい。本州中央部の**フォッサマグナ**を境に，山地は東日本では南北方向に，西日本では東西方向にのびている。よって，**ウ**は正しい。日本の国土にしめる山地・丘陵地の割合は約4分の3なので，**ア**は誤り。また，**エ**も誤り。**安定大陸**とは，地震や火山活動が少ない地域のことで，世界の大陸の大部分にあたる。例えば，南北アメリカ大陸の東部，アフリカ大陸，オーストラリア大陸，ユーラシア大陸北部など。この地域では，風化や侵食の影響で平地や低い山地が広がっている。北アメリカ大陸で，西側にあり環太平洋造山帯に属するロッキー山脈は高くて険しく，東側にあるアパラチア山脈がなだらかであるのは，このためである。

2 日本の人口

2

(1) **A**．扇状地は砂や小石からなり，水を保つ力が弱いため，果樹栽培に適している。**B**．三角形に近い形をしていることが多いため，**三角州**という。

(2) 岩や砂，泥が水といっしょになって山の斜面を下り落ちる現象を**土石流**という。

(3) 河口からの距離に着目する。日本の川は最長の信濃川でも約370kmしかないので，大陸の川よりも短いといえる。また，流れについては，高さに着目する。同じ河口からの距離では，日本の川の方が高いところを流れている。これは，より高いところから，より短い距離で流れているということなので，流れは急であるといえる。

3

(1) **X**は陸奥海岸の一部，**Y**は若狭湾，**Z**は志摩半島で**リアス海岸**がみられる。

(2) 日本近海では，寒流は**南下**し，暖流は**北上**する。南下しているのは，**A**と**B**である。

(3) **A**は千島列島付近を流れることから，**千島海流**ともよばれる。**D**は長崎県の対馬付近を流れることから，**対馬海流**とよばれる。**B**は**リマン海流**，**C**は**黒潮〔日本海流〕**。

(4) **潮境〔潮目〕**とは，寒流と暖流がぶつかる水域なので，親潮〔千島海流〕と黒潮〔日本海流〕がぶつかる**イ**の三陸沖があてはまる。潮境では，海底にしずんだ栄養分が上昇してプランクトンが多いため，魚が集まり，好漁場となっている。

(5) 海岸からゆるやかに傾斜し，深さ200mくらいまで続く棚のように平たんな海底で，**大陸棚**という。

4

(1) 日本をはじめ，広くアジアの気候に影響をあたえている風は，**季節風〔モンスーン〕**。季節風は，夏には海洋から陸地へ吹く湿った風，冬には陸地から海洋に吹く乾燥した風になる。日本では，夏は南東の風になって太平洋側に雨をもたらし，冬は北西の風になって，日本海上空で水分をふくんで日本海側に雪を降らせる。

(2) **C**は太平洋側の気候の地域で，夏は蒸し暑く，冬は乾燥するので，**ア**があてはまる。**E**は瀬戸内の気候で，中国山地と四国山地で季節風がさえぎられ，**降水量が少ない**ので，**ウ**があてはまる。**イ**は北海道の気候，**エ**は日本海側の気候。

(3) **a**．北海道釧路市で，北海道の気候。冬の寒さが厳しいので，**ウ**の雨温図があてはまる。**b**．石川県金沢市で，日本海側の気候。冬は雪による降水量が多いので，**カ**の雨温図があてはまる。**c**．長野県松本市で，中央高地〔内陸〕の気候。夏と冬の気温差が大きいので，**ア**の雨温図があてはまる。**d**．愛知県名古屋市で，太平洋側の気候。夏の降水量の多い**イ**の雨温図があてはまる。**e**．岡山県岡山市で，瀬戸内の気候。年中温暖で降水量が少ない**オ**の雨温図があてはまる。**f**．沖縄県那覇市で，南西諸島の気候。1年を通して気温が高く，降水量も多い亜熱帯の気候なので，**エ**の雨温図があてはまる。

(4) **Z**は北海道や東日本の太平洋側の地域。夏でも気温が上がらず，稲などの農作物の生育に影響が出る。これを**冷害**という。

---

2 日本の人口

STEP 1 要点チェック

テストの 要点 を書いて確認　　本冊 P.62

①富士山（型）　　②つりがね（型）　　③つぼ（型）
④過密（地域）　　⑤過疎（地域）

STEP 2 基本問題

本冊 P.63

1
(1) 1億2600万人　　(2) 富士山型　　(3) エ
(4) 人口爆発　　(5) X－イ　　Y－ウ　　Z－ア
(6) 少子高齢

2
(1) 名古屋　　(2) 地方中枢都市
(3) ①高度経済成長　　②過疎　　③ドーナツ
④再開発

解 説

1
(1) 世界の人口からみると，日本の人口は上位の方である。アジア州の人口が全体の約6割をしめている。

(2) 0～14歳の年少人口の割合が高く，65歳以上の老年人口の割合が低く，山のような形をしていることから**富士山型**とよばれる。

(3) 富士山型の人口ピラミッドは，出生率が高く死亡率が高い多産多死がみられる国と考える。アジアやアフリカの発展途上国に多いことから，**エ**のエチオピアと判断する。

(4) 1950年の世界人口は約25億人であったが，1999年には約60億人となり，2020年には約78億人に増加した。

(5) **Y**の割合の増加に着目する。2030年（推計）では，約3割に達していることから，**ウ**の65歳以上の年齢層を選ぶ。

(6) 出生率の低下で子どもの数が減少する**少子化**と，人口にしめる高齢者の割合が高くなる**高齢化**が進んでいる。

2
(1) 全国にしめる三大都市圏の人口は，約半数をしめ，都市に人口が集中している。

(2) **地方中枢都市**には，中央省庁の出先機関，高等裁判所，大企業の支社や支店が置かれ，地方の放送局や新聞社，大学，商業施設などもあり，各地方の政治・経済・文化の中心地となっている。

(3) ①②**高度経済成長期**は，1950年代後半から1970年代初めまで続いた。とくに1960年代は，若者が仕事を求めて農村部や離島から都市部へ移り住むようになった。都市に人口が集まる**過密化**，農村部で人口が減る**過疎化**や高齢化が進行した。

③**ドーナツ化現象**は，中心（都心部）の人口減少が空洞に見え，周辺の郊外の人口増加がドーナツの形のようにみえることから，このようによばれる。

④都心にあった古い建物をこわして，計画的に開発をし直すことを**再開発**という。

1 (1)イ 　　(2)ア，エ (順不同) 　　(3)ウ

2 (1)ウ→ア→イ 　　(2)ベビーブーム 　　(3)エ
　(4)ウ

3 (1)(名称)三大都市圏 　　(記号)イ
　(2)ア 　　(3)(下図)

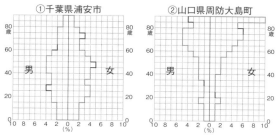

①千葉県浦安市 　　②山口県周防大島町

(4)(番号)② 　　(理由)(例)①より②の人口ピラミッドの方が，老年人口〔65歳以上の人口〕の割合が高いから。 　(別解)(例)①より②の人口ピラミッドの方が，年少人口〔0〜14歳の人口〕の割合が低いから。
(5)① I 　　②U

解説

1 (2)アのサハラさばくなどの乾燥帯の地域，エの北極圏の寒帯の地域など，自然条件がきびしい地域の人口密度は低い。
(3)発展途上国は，ウのような医療や公衆衛生の向上により，死亡率は減少してきたが，出生率は高いままなので人口爆発が起きている。

2 (1)富士山型→つりがね型→つぼ型へ変化。
(2)日本のベビーブームは，第二次世界大戦が終わった1947〜1949年，そのときに生まれた世代が親になった1971〜1974年の二度起こった。
(3)女性一人が生涯に産む子どもの数の平均を合計特殊出生率という。この値が2.0を下回ると人口は減少していく。少子化が進む日本では，この値は低い。
(4)グラフから，総人口は減少しているのに65歳以上の人口がしめる割合は増えていることにより，若い世代の人口が減ることで，アの労働力不足が起こり，イのように経済の規模は縮小する。高齢者を支えるエの社会保障に関する支出は増えるが，人口が減ることで税収は減少する。よって，ウは誤り。

3 (1)三大都市圏の人口は，約半数をしめていることからイを選ぶ。
(2)政令指定都市は，2021年現在，次の20都市。北海道は札幌市，東北地方は仙台市，関東地方は横浜市，千葉市，さいたま市，川崎市，相模原市，中部地方は名古屋市，静岡市，浜松市，新潟市，近畿地方は大阪市，京都市，神戸市，堺市，中国・四国地方は広島市，岡山市，九州地方は福岡市，北九州市，熊本市。政令指定都市は，区を設置することができる。アの青森市は誤りである。
(3)該当する年代が何％か読み取り，作図する。

(4)過疎地域の高齢化が進んでいることを読み取る。
(5)①と②の移住の形をアルファベットで表現したもの。「都市→地方」は「I」，「地方→都市→地方」は「U」のような形をたどることから，I ターンやU ターンとよばれている。

---

3 日本の資源・産業①

テストの要点を書いて確認 　　本冊 P.66

①鉱産資源 　②石油〔原油〕 　③輸入
④畜産〔畜産物〕 　⑤野菜 　⑥米 　⑦促成

1 X－ウ 　　Y－ア 　　Z－イ
2 ①火力 　②二酸化炭素 　③再生可能 　④原子力
3 (1)近郊農業 　(2)①促成栽培 　②抑制栽培
　(3)イ，ウ (順不同) 　(4)人工林
　(5)イ，エ (順不同)

解説

1 X. 西アジアのペルシャ湾岸，中央アジアのカスピ海沿岸，東南アジアのインドネシア，北アメリカのメキシコ湾岸などに分布しているので，石油〔原油〕である。
Y. ヨーロッパ，中国，オーストラリア東部，アメリカ合衆国のアパラチア山脈付近に分布しているので，石炭である。石炭は，世界に広く分布している。
Z. オーストラリア北西部，北アメリカの五大湖付近，ブラジルなどに分布しているので，鉄鉱石である。

2 ①石油や天然ガスを燃料とし，日本の発電の中心となっているのは，火力発電である。燃料を燃やして水を沸騰させ，蒸気でタービンを回転させて発電する。火力発電は日本の総発電量の約8割をしめている。
②地球温暖化は，地球の気温が上昇して，さまざまな影響をおよぼす環境問題である。地表から放射された熱を吸収して，再び地球をあたためる性質をもつ温室効果ガスが増えすぎることで進む。温室効果ガスとして代表的なのが，二酸化炭素である。二酸化炭素は，石油や石炭，天然ガスといった化石燃料を燃やすことで発生する。
③埋蔵量に限りがあるエネルギー資源に対し，太陽光，風力，地熱などは，半永久的に利用が可能なので，再生可能エネルギーといわれている。
④「放射能の安全性」から，ウラン燃料を核分裂させる際にさまざまな放射性物質を出す原子力発電である。2011年の福島第一原子力発電所の事故により，日本の発電量にしめる割合は減り，利用の在り方について議論が続いている。

3 (1)**近郊農業**は，関東地方の千葉県，茨城県，埼玉県，神奈川県や近畿地方の大阪府や兵庫県，京都府などでさかん。

(2)①**促成栽培**は，宮崎平野でピーマンやきゅうり，高知平野でなすの栽培がさかんである。

②**抑制栽培**は，長野県の八ヶ岳，群馬県の嬬恋村でレタスなどの高原野菜の栽培がさかんである。

(3)**ア**の米の自給率は，一部を輸入しているので97％前後，**エ**の肉類は，1990年代の貿易自由化以降は減少しているが50％前後。**イ**の小麦は12％前後で**ウ**の大豆は6％前後と低い食料自給率である。

(4)日本の森林の約4割は，植林され，間伐や枝打ちなど，伐採まで管理されて育った人工林。一方，自然に育ったものは天然林という。

(5)**栽培漁業**は，稚魚や稚貝をある程度育てた後に海や川に放流し，大きくなってからとる漁業。**養殖業**は，いけすなどの人工的な施設で大きくなるまで育てる漁業。

STEP 3　得点アップ問題　　　本冊 P.68

1 (1)エ　　　(2)イ

(3)A－ウ　　B－エ　　C－ア

(4)イ　　(5)①太陽光　　②風力

(6)（名称）再生可能（エネルギー）

（すぐれている点）（例）くりかえし利用ができる。

（別解）（例）二酸化炭素の排出量が少ない。

2 (1)ア　　(2)ア　　(3)ウ　　(4)ウ

(5)①高齢　　②自由化

3 (1)（例）世界各国が**排他的経済水域**を設定したことで，操業が制限されて漁獲量が減少した。

(2)イ　　(3)ウ

解説

1 (1)日本でも石炭や銅などの採掘は行われていたが，現在は，ほとんどの資源を輸入にたよっている。そのため，日本のエネルギー資源の自給率は低い。

(2)石油は，**イ**の西アジアの**ペルシャ湾岸**からカスピ海にかけて多く分布している。

(3)日本のおもな鉱産資源の輸入先は，石油〔原油〕はサウジアラビアなどの西アジアの国々なので**C**のグラフは**ア**と判断できる。石炭や鉄鉱石は，オーストラリアからの輸入が最も多いので，2位以下の国に着目して判断する。南アメリカ州で学習した内容をふりかえると，ブラジルで鉄鉱石の産出が多いことから**B**が**エ**の鉄鉱石，残る**A**が**ウ**の石炭と判断できる。なお，**イ**の天然ガスは，輸入するときは液化天然ガスとして輸送され，その輸入先の1位はオーストラリア，2位以下にマレーシアやロシアなどが入る。

(4)世界の国々の発電量の割合には，それぞれの国によって特色がみられる。水力発電の割合が高い**X**は，大きな川にめぐまれるカナダ，原子力発電の割合が約7割をしめている**Y**はフランスと判断する。残る**Z**が

アメリカ合衆国となる。なお，日本は，2011年の福島第一原子力発電所の事故以降，原子力発電所の稼働が停止になり，近年は再稼働し始めたが，その割合は低く，8割を火力発電にたよっている状況である。

(5)①**太陽光発電**は，家の屋根や広い土地に太陽光パネルをしきつめ，太陽光を電力に変換して発電する。②**風力発電**は，風の力を利用して風車を回して発電する。

(6)**再生可能エネルギー**には，ほかにも火山活動による地熱を利用した**地熱発電**や，植物などの生物に由来する資源を燃やしたりガスを発生させて発電する**バイオマス発電**などがある。長所としては自然環境にあたえる影響が少ないこと，短所としては太陽光発電は夜間や雨などに左右され，発電量が不安定になってしまうこと，発電コストがかかることなどがあげられる。

2 (1)近年，最も割合が高い**X**は**畜産物**。最も割合が増えた**Y**は**野菜**。割合が低下している**Z**は**米**。

(2)国内生産量÷国内消費量でその割合を計算できる。283÷743＝0.38…となり，**ア**の38％と判断できる。

(3)果実は一般に，寒暖の差が大きく，水はけがよい土地での栽培が適している。これにあてはまるのは，盆地の扇状地である。

(4)**促成栽培**と**抑制栽培**は，市場での出荷量が少なく，価格が高い時期に出荷して，高い収入を得ることが目的である。**イ**は**近郊農業**のこと。

(5)②**輸入の自由化**とは，輸入される数量規制の緩和や関税の撤廃などのこと。かつて，肉類や果実の貿易の自由化により，安い外国産の牛肉やオレンジの輸入量が増えて，国内の農家に打撃をあたえた。国内の農家は，**地域ブランド**づくりに力を入れ，高品質で安心・安全な農産物の生産に取り組んでいる。

3 (1)グラフから，遠洋漁業の漁獲量は減り続けていることがわかる。**排他的経済水域**とは，沿岸国が資源を管理することができる水域のこと。排他的経済水域を設定する国が増えたことが，日本の遠洋漁業衰退の一因になった。

(2)**養殖業**は大きくなるまで育て，漁獲する漁業なので，**イ**があてはまる。**ア**は栽培漁業，**ウ**は遠洋漁業のこと。

(3)すぎやひのきが人工林として植林されている。**秋田すぎ**は，天然の日本三大美林の1つで，ほかに青森ひば，木曽ひのき。奈良県の**吉野すぎ**は，人工の日本三大美林の1つで，ほかに天竜すぎ，尾鷲ひのきがある。**エ**のぶなは，世界自然遺産に登録されている白神山地のぶなの原生林が有名。

20

4 日本の産業②・交通網・通信網

STEP 1 要点チェック

テストの**要点**を書いて確認　本冊 P.70

①太平洋ベルト　②中京　③北関東　④瀬戸内
⑤加工貿易　⑥海上（輸送）　⑦航空（輸送）

STEP 2 基本問題　本冊 P.71

1 (1) X－京浜（工業地帯）　Y－阪神（工業地帯）
　　Z－瀬戸内（工業地域）　(2) 加工貿易
　　(3) 貿易摩擦　(4) 産業の空洞化
　　(5) ア，エ（順不同）
2 (1) ①ア，エ（順不同）　②イ，ウ（順不同）
　　(2) ①東海道　②自動車　③東京
　　(3) ICT

解説

1 (1) X．東京湾西岸の東京都，神奈川県に広がっているので，**京浜工業地帯**である。Y．大阪湾岸の大阪府，兵庫県に広がっているので，**阪神工業地帯**である。Z．瀬戸内海沿岸の岡山県，広島県，山口県，香川県，愛媛県に広がっているので，**瀬戸内工業地域**である。
(2) **加工貿易**とは，燃料や原料を輸入して，工業製品に加工して輸出する貿易のこと。グラフでは，せんい原料を輸入して，せんい品を輸出していることが，この加工貿易にあてはまる。
(3) 1980年代，日本とアメリカ合衆国の貿易において，日本側は自動車の輸出などで貿易黒字が続き，アメリカの自動車産業に打撃をあたえたため，対立が起こった。**貿易摩擦**を解消するため，日本はアメリカに工場をつくり，現地の人を雇用する現地生産を始めた。
(4) 貿易摩擦の解消のほかにも，円高により日本企業の海外進出が増え，日本国内の工場は閉鎖され，失業者が増える現象が起こった。
(5) **第三次産業**は，商業のほかに，金融業や宿泊・飲食業，情報通信技術関連産業，運輸業などの**サービス業**もふくまれる。第三次産業で働く人の割合は，人口が集中する**三大都市圏**で高いが，豊かな自然を生かした観光業がさかんな北海道や沖縄県でも高い。

2 (1) ①**海上輸送**は，大量に安く輸送できる長所がある。②**航空輸送**は，速く輸送はできるが船舶より費用がかかることから，新鮮さが大事な鮮魚や生花，小型で高価な電子部品の輸送に適している。
(2) 主要な都市間を結ぶ**高速交通網**の整備により，人や物の移動時間が短縮された。
①1964年開業の東海道新幹線では，東京→横浜→静岡→名古屋→京都→大阪の昔の地域区分の「東海道」にあてはまる地域を約4時間で結んだ。
③東京と各都市を結ぶ交通網の整備は進んだが，地方の都市間を結ぶ交通網の整備はおくれている。

STEP 3 得点アップ問題　本冊 P.72

1 (1) 太平洋ベルト
　　(2) A．京葉工業地域　（記号）イ
　　B．中京工業地帯　（記号）エ　(3) イ
2 (1) X－三　Y－二　Z－一
　　(2) イ，オ（順不同）
3 (1)（航空貨物）（例）小型・軽量で高価な工業製品。
（海上貨物）重くてかさばる燃料や原料。
　　(2) タンカー　(3) 中国
　　(4)（成田国際空港）ア　（関西国際空港）エ
　　(5) ハブ（空港）
4 (1) ①ア　②イ　(2) 東海道・山陽新幹線
　　(3) 遠隔

解説

1 (1) 関東地方から九州地方北部にかけての地帯。
(2) A．千葉県の東京湾岸に広がっているので，**京葉工業地域**である。鉄鋼業や石油化学工業がさかんなので，**イ**があてはまる。B．愛知県を中心に広がっているので，**中京工業地帯**である。自動車を中心とした機械工業がさかんなので，**エ**があてはまる。グラフの**ア**は阪神工業地帯，**ウ**は京浜工業地帯。
(3) **イ**．原料の**石油〔原油〕**を輸入にたよる石油化学工業は，輸入に便利な臨海部に立地する。**ア**．ICは軽工業ではなく，機械工業である。**ウ**．金属工業や火力発電所は臨海部に立地する。内陸の工業団地に立地するのは，組み立て型の機械工業などである。**エ**．前半は**加工貿易**のこと。後半の産業の空洞化は，海外に工場を移転する企業が増えることなどが背景にあるので，関係はうすい。

2 (1) 産業構成は，経済発展によって第一次産業→第二次産業→第三次産業と変化する。現在の日本は，第三次産業で就業者人口が約7割をしめることから，産業別国内総生産の金額の最も多いXとなる。

3 (1) 航空輸送の上位にある半導体は小型で高価な製品，海上輸送の上位品目はすべて鉱産資源である。
(2) 石油を輸送するために，船の中に大型のタンクを設置していることからタンカーとよばれる。
(3) グラフの2位と3位以外の国で，距離的に近いアジアの国はどこかを考えると，中国と判断できる。
(5) ハブとは自転車の車輪の軸のこと。軸を中心に各都市との航空路線が放射状に伸びて，その要となる役割を果たすことから**ハブ空港**とよばれる。代表的なハブ空港として，韓国の仁川空港があげられる。

4 (1) 大都市圏の通勤・通学はバスや電車が多いが，都市間の移動は距離によって使い分けられる。①の東京・大阪間は新幹線と航空機の利用は同じくらいだが，②の東京・福岡間は遠距離なので，移動時間の速い航空機の利用が多くなる。
(2) 東京・大阪間は東海道新幹線，大阪・福岡間は山陽新幹線となる。

定期テスト予想問題

本冊 P.74

❶ (1) エ　　(2) ハザードマップ〔防災マップ〕

　　(3) フォッサマグナ

　　(4) イ

　　(5)（右図）

❷ (1) 少子高齢（化）

　　(2) ① イ　　② ウ

　　③ ア　　④ イ

　　(3) イ

❸ (1) ウ　　(2) 情報

　　(3)（例）燃料や原料の輸入や製品の輸送に便利な臨海部に形成されている。

❹ (1) ① 近郊農業　　② 促成栽培

　　(2) 養殖業　　(3) 新幹線

　　(4) X. 中京（工業地帯）　Y. 瀬戸内（工業地域）

解説

❶ (1) 地震の震源や火山が連なる地域を**造山帯〔変動帯〕**という。**ア**のアルプス山脈から**ウ**のヒマラヤ山脈周辺を通りインドネシアの島々へ続く**アルプス・ヒマラヤ造山帯**，**イ**のアンデス山脈，ロッキー山脈，日本列島など太平洋を取り囲む**環太平洋造山帯**がある。**エ**のアパラチア山脈は北アメリカ大陸の東側にあり，なだらかな地形で安定した地域である。

(2) **ハザードマップ〔防災マップ〕**は，洪水や津波などの水害で浸水が予想される地域，火山の噴火による危険予想地域が示されてる。各地の市区町村が作成して，地元の住民に配布している。

(3) **フォッサマグナ**の西端は，ほぼ新潟県糸魚川市から静岡県静岡市を結ぶ線。これを境に，東側は山脈や山地が南北方向，西側は東西方向に並ぶ。

(4) 日本で最も長い河川は，**イ**の信濃川。

(5) **季節風**は，冬はシベリアから日本海側を通り北西方向に吹く冷たい湿った風，夏は太平洋上から南東方向に吹く暖かく湿った風。北西の季節風の影響を受けて，北陸や東北地方の気候は，冬の降水量が多い特色がある。

❷ (1) **出生率**が**低下**することで**少子化**が進む。**死亡率**が**低下**し，平均寿命がのびることで，**高齢化**が進む。このような傾向を合わせて**少子高齢化**という。

(2) 日本は，第二次世界大戦前は出生率も死亡率も高く，人口ピラミッドは末広がりの**富士山型**を示した。第二次世界大戦後，少子化と高齢化が進み，年少人口の部分がせばまり，生産年齢人口の部分が厚みを増して**つりがね型**となった。その後，少子高齢化が急速に進んだため，厚みをもった年齢層が上層に移り，つぼ型を示すようになった。**発展途上国**は，出生率も死亡率も高いので，人口ピラミッドは富士山型を示す。

(3) つぼ型の人口ピラミッドを選ぶ。**ア**はつりがね型（1960年），**ウ**は富士山型（1935年）である。

❸ (1) 日本の産業別人口は，**第三次産業**が最も多く，その割合は約7割ほどであるから，**ウ**の円グラフを選ぶ。また，第一次産業人口の割合が最も高い**ア**の円グラフはインド，第一次産業と第二次産業が同じくらいの割合である**イ**の円グラフは中国である。

(2) 日本のアニメーションや漫画，コンピューターゲームなどの**コンテンツ産業**が発信する情報は，世界中から注目を集めている。全国各地から人々が移り住み，人口も多く，情報が集まる東京には，これらの企業が集中している。

(3) 写真は，臨海型の工業地域の様子。石油化学工場のほかに，製鉄所や火力発電所など，石油をパイプラインで結び，効率良く生産を行うこのような工場群を**石油化学コンビナート**という。石油などの燃料や鉄鉱石や石炭などの原料は，海上輸送で日本へ輸入され，鉄鋼などの重くてかさばる工業製品も海上輸送で日本国内や海外へ輸送される。

❹ (1) ① **A**は千葉県で，**大消費地である東京に近い**。このように，大都市の近くで都市向けの野菜や花などを栽培する農業を，**近郊農業**という。

② **B**は高知平野，**C**は宮崎平野。「生育を早める」農業なので，**促成栽培**である。高冷地で行われている，**生育を遅らせる抑制栽培**とまちがえないようにする。宮崎平野や高知平野ではきゅうり，なす，ピーマンなどが促成栽培されている。大阪や東京の大市場から離れており，輸送費がかかるが，**市場に出回る量が少なく，価格が高い**冬から春先に出荷するので，元が取れる。

(2) **D**は瀬戸内海。「網を張った水域で大きくなるまで育てる漁業」なので，**養殖業**である。自然に放流する栽培漁業とまちがえないようにする。瀬戸内海では，かきやはまち，たいなどの養殖がさかんである。

(3) **E**は東京，**F**は福岡。東京駅と福岡市の博多駅には，高速鉄道網である新幹線（東海道・山陽新幹線）の発着駅がある。

(4) 東京から福岡まで新幹線で移動するとき，京浜工業地帯（東京都・神奈川県）→東海工業地域（静岡県）→中京工業地帯（愛知県・三重県）→阪神工業地帯（大阪府・兵庫県）→瀬戸内工業地域（岡山県・広島県・山口県）の順に通過する。これらの工業地帯・地域は太平洋ベルトに位置しており，新幹線のほか，高速道路で結ばれている。また，港湾が発達しており，交通の便がよいところに立地している。

1 九州地方

テストの要点を書いて確認

本冊 P.76

①福岡　　②筑紫　　③シラス

④北九州　　⑤阿蘇山　　⑥促成

本冊 P.77

1 (1)①九州(山地)　　②筑後(川)　　③有明(海)
　(2)ウ　　(3)対馬海流　　(4)福岡市

2 (1)二毛作　　(2)促成栽培　　(3)畑作
　(4)①八幡　　②エコタウン

3 (1)琉球王国　　(2)エ　　(3)アメリカ(合衆国)

解説

1 (1)①北部の**筑紫山地**がなだらかなのに対し，南部の**九州山地**は険しい山地である。
②**筑後川**は九州最長の川で，下流には**筑紫平野**が形成されている。
③**のりの養殖**がさかんで，高級のりの産地として知られている。また，潮の干満の差が大きい遠浅の海なので，干拓に向いている。
(2)桜島は頻繁に噴火をくり返し，近くの鹿児島市まで灰が降ってくる。天気予報では風の方向が伝えられ，洗濯物を干す方向に注意したり，火山灰の回収用のごみ袋があるなど，人々は火山とともに暮らすいろいろな工夫をしている。
(3)対馬海流は沖縄近海で黒潮〔日本海流〕から分かれる暖流。
(4)福岡市は，中世の港町から発達した博多と，近世の城下町としても発達した福岡の2つの地区に大きく分けられる。福岡市は九州地方の中心地であるとともに，東アジアや東南アジアとの交流の拠点の役割も果たしている。福岡国際空港はアジア航路の国際線が就航し，博多港と韓国のプサンを結ぶ高速船も運航するほか，近年では，海外のクルーズ船が立ち寄る日本有数の港になっている。また，行政の出先機関や大企業の支店や支所が集まる，九州地方の**地方中枢都市**である。

2 (1)Aは**筑紫平野**。二毛作は**同じ耕地で1年に2種類の作物を栽培**する方法。筑紫平野では昔から米と麦の二毛作が行われている。近年は，ビニールハウスを利用した野菜の栽培もさかんである。とくに，いちごの栽培において，「あまおう」や「さがほのか」の品種は有名で，ホンコン〔香港〕や台湾などのアジアへ輸出されている。
(2)Bは**宮崎平野**。冬でも暖かい気候を利用して，温室やビニールハウスできゅうり・ピーマンなどの**促成栽培**を行っている。きゅうり・ピーマンといった野菜は低温に弱く，ハウス内を暖房する必要があるが，暖かい宮崎平野では暖房費を低く抑えることができる。

(3)Cは**シラス台地**。火山灰が積もった土壌の台地なので，水を吸いやすく，水田には向いていない。そのため，さつまいも・茶・野菜などの畑作が中心である。しかし，**笠野原**のように，**土地改良**によって水田が開かれた地域もある。
(4)①**八幡製鉄所**は鉄鋼の自給をめざして，1901年に操業を開始した官営の製鉄所である。**中国から輸入した鉄鉱石**と，近くの**筑豊炭田**で産出する**石炭**を原料として，鉄鋼の生産を始めた。その後，中国から安い石炭を大量に輸入するようになったため，筑豊炭田は衰えた。
②北九州市は，1960年代に**大気汚染**や**水質汚濁**などの**公害**が発生した。国や市，企業が環境改善の取り組みを進めた。現在は，埋め立て地にリサイクル工場を集めた**エコタウン**事業を推進していることから，北九州市は，**持続可能な社会**を目指す**環境モデル都市**や**SDGs未来都市**に選定されている。

3 (1)15世紀前半，尚氏が沖縄島を統一して建国した**琉球王国**は，中国・朝鮮や東南アジアとの**中継貿易**で繁栄した。
(2)さとうきび・パイナップルは，亜熱帯の気候を生かして栽培されている。アはシラス台地でおもに栽培されている農作物，イは宮崎平野で促成栽培されている野菜，ウは二毛作のさかんな筑紫平野で栽培されている農作物である。
(3)第二次世界大戦末期，沖縄にアメリカ軍が上陸し，激しい地上戦となって多くの県民が命をうばわれた。戦後，沖縄は**アメリカの施政権下**に置かれたが，県民の本土復帰運動などが実り，1972年に日本に返還された。しかし，広大な**アメリカの軍事基地**は残されたままである。

本冊 P.78

1 (1)(記号)イ　(語句)カルデラ
　(2)(台地)シラス台地　(記号)イ　　(3)博多(駅)
　(4)エ　　(5)水俣市

2 (1)(平野)筑紫平野　(記号)ウ　　(2)エ
　(3)(例)出回っている野菜の量が少ない時期に出荷するので，高い価格で売ることができるから。

3 (1)①八幡製鉄所　　②石炭から石油　　(2)自動車
　(3)ア，エ(順不同)

4 (1)①三〔3〕　　②アメリカ　　(2)ウ　　(3)イ
　(4)エ
　(5)(例)台風の強風に備えて，家のまわりを石垣で囲っている。

解説

1 (1)**阿蘇山**の説明。アは雲仙岳〔普賢岳〕，ウは霧島山，エは桜島。すべて**活火山**である。
(2)**シラス台地**は水持ちが悪い火山灰が積もってできた台地なので，大雨が降ると**崖くずれ**や**山くずれ**が発

23

生しやすい。

(3) Bは福岡市。博多駅は九州の鉄道網の中心。

(4) エは長崎市のこと。江戸時代の鎖国体制のもと，長崎では中国やオランダとの貿易が認められた。こういった歴史的背景から，長崎は異国情緒のある観光地として人気を集めている。

(5) Cは水俣市。化学工場の排水による水質汚濁で水俣病が発生した。現在は，公害を克服し，徹底したごみ分別や環境に配慮した事業などを展開している。

2 (1) Aは九州北部にある筑紫平野で，稲作がさかん。ウはシラス台地の農業の説明である。

(2) 九州南部の鹿児島県・宮崎県・熊本県では，**肉牛・豚・鶏の畜産**がさかんである。安い外国産の肉類が流入するようになったため，**最近は味のよさと安全性**を重視した黒豚などの飼育が増えてきている。

(3) 一般に，商品は市場に出回っている量（供給量）が少ないときには，価格は上昇する。きゅうり・ピーマンは，冬場はほかの産地の出荷が少なくなるため，出回る量は全体として少なくなる。したがって，促成栽培によって冬から春にかけて出荷できる，Bの宮崎平野の農家は，価格面で有利である。

3 (1)① 日清戦争の講和条約（下関条約）で得た賠償金の一部を使って，官営の製鉄所が建設された。
② 1960年代の高度経済成長期に**エネルギー革命**が進行し，国内の炭鉱は次々と閉山に追い込まれていった。

(2) 九州地方では，鉄鋼業の比重が低下する一方で，最新設備の**自動車工場**が進出した。

(3) IC〔集積回路〕などの**電子機器**は，小型で軽量の割に高価なので，**高速道路や航空機**を利用して輸送しても採算がとれる。

4 (1)① 第三次産業には，商業，宿泊・飲食などのサービス業，運輸業などがふくまれる。観光業は沖縄の経済を支えており，観光業などの第三次産業就業者数の割合は全国でも高い県の1つとなっている。
② 多くのアメリカ軍基地が沖縄に集中している。

(2) ウは東北三大祭りの1つである青森市の祭り。沖縄の独自の祭りとして，イの**エイサー**が知られている。エは中国から伝わった楽器を改良したもので，これがさらに日本に伝わって**三味線**になった。

(3) 沖縄の土壌は，粒子の細かい赤土で覆われている。大雨などで表面の土が流出すると，沿岸の海域をにごらせ，さんごは死滅してしまう。道路の建設やリゾート開発は，表面の土の流出を加速させるため，さんご礁の減少の一因と考えられている。

(4) 年中暖かい気候を利用して，**菊などの花を露地栽培**し，航空機で本州へ出荷している。暖房費がほとんどかからないため，航空機を利用しても採算が合う。ウは，さとうの原料となる農作物。日本では北海道だけで栽培されている。

(5) 沖縄など南西諸島は「台風の通り道」といわれるほど，夏から秋にかけてひんぱんに台風が接近する。そのため，かわらが飛ばないようにしっくいで固めるなど，家屋は台風の暴風雨に備えたつくりになっている。

2 中国・四国地方

STEP 1 要点チェック

テストの**要点**を書いて確認　　　本冊P.80

① 中国　　② 瀬戸内海　　③ 促成　　④ 鳥取
⑤ 瀬戸大橋　　⑥ 四国

STEP 2 基本問題　　　本冊P.81

1 (1)① 中国（山地）　②四国（山地）　③吉野（川）
④瀬戸内海　(2) a－ウ　　b－イ　　c－ア
(3)① 原子爆弾　　②平和記念

2 (1) A－ウ　　B－オ　　C－ア
(2)① ビニールハウス　　②促成

3 (1) 瀬戸内工業地域　　(2) ウ　　(3) 中国自動車道

解説

1 (1)① 中国山地は，**なだらかな高原状の山地**で，西の端には石灰岩のカルスト地形の**秋吉台**がある。
② 四国山地は**険しい山地**で，石鎚山・剣山など2000mに近い山々がある。
③ 吉野川の下流には徳島平野が広がっている。
④ 瀬戸内海は日本最大の内海で，古くから大陸との交流の窓口であった九州地方と，都が置かれた近畿地方とを結ぶ**海上交通路**として重要な役割を果たしてきた。

(2) aの松江は**日本海側の気候**。冬は北西の季節風の影響を受けて雪が多く降る。bの高知は**太平洋側の気候**。夏は高温で雨が多く，冬は温暖で乾燥する。とくに6～9月は，梅雨や台風の影響で降水量がたいへん多くなる。cの高松は**瀬戸内の気候**。1年を通じて温暖で，降水量が少ない。

(3) dは広島市。第二次世界大戦末期の1945年8月6日，**世界で最初の原子爆弾**がアメリカ軍によって投下され，数年で約20万人が犠牲になった。戦後，平和記念都市となり，毎年8月6日には平和記念式典が行われている。

2 (1) Aは鳥取県。早くから「二十世紀なし」の生産がさかん。Bは岡山県。マスカット品種のぶどうの栽培がさかん。Cは愛媛県。和歌山県や静岡県と並ぶ日本有数のみかんの生産地。愛媛県のみかんは，1990年代のオレンジの輸入自由化の影響により，出荷量が減少した。そこで，みかん以外の伊予かんやデコポンなど，みかんと出荷時期の異なるかんきつ類を栽培するなど，競争力を高める取り組みを進めている。

(2) 冬でも暖かい気候を利用して，**温室やビニールハウス**を活用して野菜を栽培し，冬から春にかけて出荷している。とくに，なす・ピーマンの生産量が多い。野菜の出荷は，以前は鉄道が利用されていたが，現在は**大型トラックやカーフェリー**が中心である。

3 (1) 瀬戸内海沿岸は海上交通の便がよく，塩田の跡地や埋め立て地など，広大な工業用地があった。そのた

め，1960年代から1970年代にかけて，阪神工業地帯などから工場が移転し，重化学工業を中心とする工業地域が形成された。**鉄鋼・エチレンなど素材生産**の割合が大きく，生産された素材は瀬戸内海を利用して船でほかの工業地帯・地域に運ばれ，中国や韓国などにも輸出されている。

(2)水島は岡山県倉敷市にある。かつては半農半漁の漁村であったが，埋め立てによって広い工業用地が造成され，大型船が入港できる水島港がつくられた。そこには，**石油化学コンビナート**や製鉄所，火力発電所などが進出している。

(3)中国自動車道の開通によって，三次市や津山市などの中国山地に点在する盆地に工業団地が進出し，経済の活性化がみられた。

STEP 3 得点アップ問題　　本冊 P.82

1 (1)四国山地　　(2)①ウ　②イ　③ア
(3)(記号)イ　(都市名)広島市　　(4)イ

2 (1)①エ　②ウ　③ア　(2)ぶどう　(3)エ
(4)(例)ほかの産地の出荷が少ない時期に出荷することで，高い価格で取り引きできる。

3 (1)①石油化学コンビナート　②工業団地
(2)イ　(3)(例)臨海部は，重い原料や工業製品の輸出入に便利だから。　(4)エ

4 (1)(記号)イ　(橋の名)瀬戸大橋
(2)ウ　(3)(例)交通網の整備により，地方都市から大都市へ人が吸い寄せられる現象。

解 説

1 (1)険しいのは**B**の四国山地。**A**の中国山地はなだらかである。
(2)①冬の降水量に着目する。冬は北西の季節風の影響で雪や雨が多く，夏は比較的高温になる日本海側の気候なので**ウ**。
②月別降水量の棒グラフに着目する。瀬戸内の地域は，冬の季節風は中国山地，夏の季節風は四国山地にさえぎられて，影響を受けないため，年間を通じて降水量が少ない。年間降水量が少ない瀬戸内の気候なので**イ**。
③夏の降水量に着目する。南東の季節風の影響で夏は高温で雨が多く，台風が接近する9月はとくに降水量が多い。太平洋側の気候なので**ア**。
(3)広島市は**城下町**として発展，第二次世界大戦末期に原子爆弾が投下された歴史がある。1980年に**政令指定都市**に指定され，国の出先機関や企業・金融機関の支店が置かれるようになり，**地方中枢都市**へと発展した。
(4)**イ**は都市部の**過密地域**の問題。中国山地や四国山地の山間部では**過疎化**が進んでいる。

2 (1)①愛媛県の沿岸部の斜面や島々では，**段々畑**が開かれ，みかんの栽培がさかんである。
②讃岐平野では，降水量が少ない瀬戸内の気候で，大

きな川もなく，水不足になやまされてきたため，ため池がつくられてきた。
③**鳥取砂丘**が広がる鳥取平野では，らっきょう・メロンなどの栽培がさかんである。
(2)**A**は岡山県。マスカットの栽培がさかんである。また，ももの栽培も行われている。
(3)**B**は広島湾。広島県の**養殖かき**の生産量は全国第1位である。
(4)**C**は高知平野。促成栽培や抑制栽培は，栽培時期を調整して，価格が高い時期に出荷することができる利点がある。抑制栽培については，中部地方の単元で学習するのでおさえておこう。

3 (1)①石油化学コンビナートでは，工場・設備をパイプラインで結ぶことによって，効率的な生産が行われている。
②交通の便がよい場所に工業団地を造成して，工場を誘致した。
(2)瀬戸内工業地域の特色は，素材生産の比重が高いこと。したがって，**金属と化学の割合が大きいイ**が瀬戸内工業地域である。なお，**ア**は北九州工業地域，**ウ**は中京工業地帯，**エ**は全国平均である。
(3)輸入では，石油，鉄鉱石，石炭といった重い原料が大部分である。輸出も，自動車・鉄鋼・化学製品といった重くて大きな製品がほとんどである。このような原料や製品を輸送するには，大型船が入港できる臨海部が便利。
(4)高速道路の整備による山陰地域の変化について正しく述べた文を選ぶ。移動時間の短縮によって**エ**のように，他地域との結びつきが密接となった。また，過疎地域の町おこし・村おこしとして観光業に力を入れ，島根県の石見銀山，鳥取県の鳥取砂丘や境港市の「水木しげるロード」には多くの観光客が訪れている。

4 (1)**ア**は広島県尾道市と愛媛県今治市を結ぶ**瀬戸内しまなみ海道**，**ウ**と**エ**は兵庫県神戸市と徳島県徳島市を結ぶルートで，**ウ**の神戸市と淡路島を結ぶ橋を**明石海峡大橋**，**エ**の淡路島と徳島市を結ぶ橋を大鳴門橋という。
(2)**ア**.2016年度は約500万人，1998年度は約200万人なので2.5倍。**イ**.明石海峡大橋が開通した1998年度から2000年度，2002年度にかけてののびが多い。**エ**.横ばいである。
(3)橋や道路などを整備したり，新幹線や高速道路などの高速交通網の整備によって，移動時間が短縮されて人の移動が便利になった。大都市から地方都市への観光客も増えるが，一方で，地方都市の人々が大都市へ通勤・通学，買い物するようになり，人口や産業が大都市へ吸い寄せられ，地方都市の経済が衰えてしまう現象がみられる。これを**ストロー現象**という。

3 近畿地方

テストの **要点** を書いて確認 　　本冊 P.84

①淀　　②大阪　　③志摩　　④紀伊

⑤琵琶湖　　⑥京都　　⑦奈良

1 (1)①丹波(高地)　　②紀伊(山地)　　③淀(川)
　　④琵琶(湖)
　　(2)リアス海岸　　(3)ウ

2 (1)A—ウ　　B—イ　　C—エ　　D—ア
　　(2)文化財　　(3)大阪大都市圏〔京阪神大都市圏〕
　　(4)昼間

3 (1)①阪神　　②中小
　　(2)伝統的工芸品

解 説

1 (1)①肉牛の飼育などが行われている。
②紀伊山地は降水量が多く，良質の樹木が育ち，日本有数の林業地帯になっている。また，「紀伊山地の霊場と参詣道」(熊野古道)は世界遺産に登録されている。
③琵琶湖から，瀬田川，宇治川，淀川を流れ大阪湾に注いでいる。
④琵琶湖は**日本最大の湖**で，古くから北陸と淀川水系を結ぶ重要な航路であった。琵琶湖と淀川水系は近畿地方の重要な水源で，飲料水のほか工業用水・農業用水に利用されている。
(2) a は若狭湾沿岸，b は志摩半島で，どちらも典型的な**リアス海岸**である。志摩半島では，波の静かな入り江を利用して，真珠の養殖がさかんである。
(3)**ウ**の潮岬は，南東の季節風の影響で**夏は高温で雨が多い**。また，7〜9月にかけては，**台風の影響**で雨が多くなる。近海を**暖流の黒潮**が流れているため，冬も温暖である。**ア**の豊岡は日本海側にあり，北西の季節風の影響で**冬に雪が多い**。**イ**の姫路は**降水量の少ない瀬戸内の気候**である。

2 (1)**A**は奈良市。710年，唐の都の長安にならって**平城京**が造営され，碁盤の目のように区画された道路がつくられた。**B**は京都市。794年に**平安京**がつくられてから，1869年に東京が首都と定められるまで，天皇が居住する都であった。**C**は大阪市。江戸時代には，全国から年貢米や特産物が集まり，商業や金融の中心であった。現在も西日本の経済の中心で，とくに**卸売業が発達している**。**D**は神戸市。古くから中国との貿易で栄え，明治時代以降は日本を代表する港湾都市となった。1995年には，**阪神・淡路大震災**で大きな被害を受けた。設問文の「ポートアイランド」は，六甲山地を削り取った土砂を臨海部に埋め立てて造成した人工島。ほかに海上空港の神戸空港がある。

(2)国宝・重要文化財に指定されている建造物や美術工芸品の割合は，近畿地方が約5割をしめている。古都京都の文化財，古都奈良の文化財として**ユネスコの世界遺産**に登録されている。また，芸能などの形のない文化財を無形文化財というが，京都の祇園祭が**ユネスコの無形文化遺産**に登録されている。
(3)東京大都市圏や名古屋大都市圏と並ぶ三大都市圏の1つ。大阪を中心にJRや私鉄の鉄道網が放射状に広がり，沿線に住宅地が開発された。
(4)**夜間人口**はその地域に住んでいる人口，**昼間人口**はある地域における昼間の人口。通勤・通学者が集まるので，**都市の中心部の昼間人口は多くなる**。

3 (1)①阪神工業地帯は，明治時代に**紡績などのせんい工業**から始まった。その後，鉄鋼・機械などの重工業も発達し，第二次世界大戦前までは日本最大の工業地帯であった。
②阪神工業地帯は，臨海部には大工場が立地しているが，東大阪市など**内陸部には中小工場が多い**。
(2)一般に伝統的工芸品は，古くから伝わる**地元の技術や材料**を生かして生産され，近代工業が発展した現在においても一定地域で製造され，経済産業大臣が指定した製品のこと。**織物・陶磁器・漆器・和紙**などに多い。京都の西陣織は高級絹織物として知られている。

1 (1)ア，オ(順不同)　　(2)エ
　　(3)B—ウ　　C—イ　　(4)(例)二酸化炭素を吸収して，地球温暖化を防ぐ役割を果たしている。

2 (1)①問屋　　②阪神・淡路大震災〔兵庫県南部地震〕
　　(2)A—エ　　B—オ　　(3)ニュータウン
　　(4)ポートアイランド

3 (1)イ　　(2)エ
　　(3)①地盤沈下　　②イ　　③オ

4 (1)①世界遺産〔世界文化遺産〕　　②伝統的工芸品
　　(2)平安京　　(3)①奈良(県)　　②ウ
　　(4)(例)古都の景観を守るため。

解 説

1 (1)**ア**は若狭湾沿岸，**オ**は志摩半島である。
(2)**A**は琵琶湖。滋賀県の面積の約6分の1をしめる日本最大の湖である。**エ**は中部地方ではなく，近畿地方の淀川水系の約1700万人(2016年)の飲料水や農業用水，工業用水を供給する役割を担っている。また，生活排水や農業排水，工場排水が琵琶湖に流れこんだことで，1970年代から**イ**の**赤潮**やアオコが発生する環境問題が起こった。赤潮とは，富栄養化によりプランクトンが異常発生して水が赤くなる現象。その対策として，りんをふくむ合成せんざいの販売や使用の禁止，工場排水規制を決めた**条例**を定めた。水質改善のためにヨシを湖岸に植える取り組みも行われている。

2 (1)①問屋は卸売業を営む店で，大阪では古くから衣

類・食器・薬品などを取りあつかう**問屋街**が形成されてきた。

②活断層のずれによる直下型地震がおこり，6000人以上の犠牲者が出た。

(2)**A**は大阪市，**B**は神戸市である。なお，**ア**は大津市，**イ**は京都市，**ウ**は奈良市，**カ**は姫路市。

(3)大阪周辺の**ニュータウン**は，おもに**私鉄**によって大阪と結ばれている。近畿地方の私鉄会社は，ニュータウンの開発のほか，劇場・遊園地などをつくって，鉄道の利用客を増やしてきた。

3 (1)**ア**は金属，**ウ**は化学，**エ**はせんいである。かつては鉄鋼などの金属工業や，衣類などのせんい工業の割合が大きかったが，淀川沿いの低地に電気機械工業が進出するなどして，機械工業の割合が増大した。その後，重化学工業は伸び悩み，臨海部の工場の閉鎖や移転が進んだ。一時期は，液晶パネルの工場も進出したが，外国との競争で縮小された。近年の臨海部は，再開発によって，物流施設やテーマパーク，高級マンションなどが建設されている。

(2)日本の「ものづくり」を支える中小工場が少なくない。**ア**は北九州工業地域，**イ**は瀬戸内工業地域，**ウ**は中京工業地帯である。

(3)①工業用水として利用するため，**地下水をくみ上げすぎた結果，地盤沈下**が生じた。海面よりも低いゼロメートル地帯も発生し，しばしば高潮の被害を受けた。

②リサイクル水の量は，1965年が約81万 m³/日（278万 m³/日の29.3％），2016年が約370万 m³/日（422万 m³/日の87.8％）である。

4 (1)①「**古都京都の文化財**」という名称で，世界遺産に登録されている。

②西陣織や清水焼は，中世より京都の特産品として知られた。

(2)794年に桓武天皇がつくった都。

(3)①奈良県には，「**古都奈良の文化財**」，「**法隆寺地域の仏教建造物**」といった世界遺産をふくむ多数の文化財が残されている。

②京都府の文化財は，13301件の16.5％だから，2100件以上である。**ア**．約半分が近畿地方にある。**イ**．東北地方よりも多く，件数はほぼ2倍である。**エ**．九州地方ではなく関東地方である。

(4)写真は京都市内のコンビニエンスストア。全国にある同じ店と違い，看板を白くして目立たないようにしていることに着目する。歴史的な町並みが残る京都の景観と調和するくふうがみられる。このように，京都市では，**歴史的な景観を保全**するため，電線や電柱を地中化したり，建物の高さを制限したりしている。さらに，建物の色などのデザイン，屋外の広告物などにも規制を設けている。

4 中部地方

STEP 1 要点チェック

テストの**要点**を書いて確認　　　　本冊 P.88

①日本アルプス　　②名古屋　　③中京　　④信濃

⑤抑制　　⑥甲府　　⑦渥美

STEP 2 基本問題　　　　本冊 P.89

1 (1)①飛驒（山脈）　　②木曽（山脈）　　③赤石（山脈）

④越後（平野）　　⑤濃尾（平野）　　(2)ア

(3)名古屋大都市圏

(4)北陸

2 (1)中京工業地帯，エ　　(2)東海工業地域

(3)イ

3 (1)単作　　(2)輪島塗

(3)①精密機械　　②電気機械〔電子〕

解説

1 (1)①②③まとめて**日本アルプス**とよばれる。飛驒山脈を北アルプス，木曽山脈を中央アルプス，赤石山脈を南アルプスとよぶ。多数の観光客が訪れている。

④信濃川下流に広がる平野で，日本有数の穀倉地帯である。

⑤木曽川の下流に広がる平野で，名古屋などの大都市が発達している。木曽川・長良川・揖斐川が集まる低湿地では，集落や田畑を洪水から守るために堤防を築いてきた。この堤防に囲まれた地域は**輪中**とよばれている。

(2)冬に降水量が多いのは**日本海側の気候**なので，**ア**の上越があてはまる。**イ**の松本は，降水量が少なく，夏と冬の気温の差が大きい中央高地〔内陸〕の気候。**ウ**の静岡は，夏は気温が高くて雨が多く，冬は乾燥する**太平洋側の気候**である。

(3)**A**は名古屋市。政令指定都市で，行政の出先機関や大企業の本社，支店が置かれ，商業も発達している。東海道新幹線や東名高速道路・名神高速道路などの主要な交通網が通る。名古屋大都市圏は，東京大都市圏，大阪大都市圏と並ぶ三大都市圏の1つ。

2 (1)**中京工業地帯**は名古屋市を中心とする工業地帯で，**工業生産額は日本第1位**である。工業生産額の内訳では，機械工業が大きな割合をしめている。とくに，豊田・岡崎・鈴鹿などの自動車工業や，名古屋の航空機工業に代表されるように，**輸送用機械**の生産がきわめてさかんである。また，瀬戸・多治見の**陶磁器**など，地域の自然環境を生かした工業もみられる。

(2)**東海工業地域**は陸上交通の便のよさを生かして発達した工業地域で，輸送用機械や電気機械など機械工業の割合が高い。

(3)**渥美半島**では，ガラス温室やビニールハウスを利用した**野菜・花の施設園芸農業**がさかんで，菊・メロ

27

ンなどは全国に出荷されている。渥美半島や知多半島は，かつては水が不足する地域であったが，渥美半島には**豊川用水**，知多半島には**愛知用水**が引かれ，水不足が解消された。

3 (1) **A**は**越後平野**，**B**は**富山平野**。日本海側の気候なので冬は大量の降雪がある。水田は雪でおおわれ，二毛作はできないため，**米だけを生産する単作地帯**になっている。
(2) **C**は輪島市。雪が多い冬の湿った気候が漆塗りに適していたことから，古くから**漆器**の生産がさかんであった。輪島塗の漆器は海外にも輸出されている。
(3)①第二次世界大戦中，空襲を避けるため京浜地区から機械工場が移転してきた。これをきっかけに，諏訪盆地では**時計・カメラなどの精密機械工業**がさかんになった。
②中央自動車道などの高速道路が整備されると，沿線に電子部品を生産する工場が進出し，**電気機械工業**が発達した。

STEP 3 **得点アップ問題**　　　　　　　本冊 P.90

1 (1) ウ　　(2) (平野) 越後平野　(記号) ア
(3) ①イ　②ウ　③ア　　(4) ウ
2 (1) ウ　　(2) ①ア　②エ　　(3) 豊田市
(4) (例) 効率よく部品を納入することができるから。
3 (1) ①オ　②イ　　(2) ウ
(3) (例) ほかの産地の出荷が少ない時期に出荷するので，市場で高い価格で売れるから。
(4) 早場米　　(5) エ
4 (1) イ　　(2) ①オ　②カ　③キ
(3) ①う　②豊川用水
③ (例) 温室やビニールハウスを利用して，野菜や花などを栽培する農業。

解説

1 (1) **ウ**の**越後山脈**は新潟県と東北地方・関東地方を分ける山脈。
(2) **イ**は諏訪湖から流れ出て遠州灘に注ぐ川，**ウ**は甲府盆地を通って駿河湾に注ぐ川，**エ**は下流の濃尾平野が広がる川である。
(3) ①は日本海側の気候なので，**冬の降水量が多い**グラフである。②は中央高地〔内陸〕の気候なので，**降水量が少なく，夏と冬の気温の差が大きい**グラフである。③は太平洋側の気候なので，**夏は高温で雨が多く，冬は降水量が少ない**グラフである。
(4) この都市は**名古屋市**。東海地方の中心都市で，名古屋大都市圏が形成されている。

2 (1) 中京工業地帯の特色は，**機械工業の割合がきわめて大きい**ことである。また，工業生産額は全国一である。よって，**ウ**が中京工業地帯。**ア**は阪神工業地帯，**イ**は北九州工業地域，**エ**は瀬戸内工業地域である。
(2) ①この都市は**四日市市**。石油化学コンビナートや

火力発電所があり，生産したプラスチックを豊田などの自動車工場へ送っている。1960年代には，コンビナート群から排出された亜硫酸ガスなどが原因となって，**四日市ぜんそく**とよばれる公害病が発生した。
②この都市は浜松市。古くは綿織物工業が行われていたが，天竜川上流から運ばれる木材を加工した楽器の生産がさかんになり，第二次世界大戦後はオートバイの生産が発達した。
(3) 1930年代から自動車生産を開始して発展。かつては挙母市という名前であったが，自動車会社の名前を市名とした。
(4) 自動車は，3万点以上の部品を組み立ててつくられるので，組み立て工場に部品を効率よく運び込まなければならない。付近に部品生産の関連工場があると，時間や在庫のむだをはぶいて効率よく生産することができる。

3 (1) ①中部地方の盆地に発達する扇状地は，かつては桑畑に広く利用され，かいこを飼ってまゆをとる**養蚕**がさかんであった。これを背景に，諏訪盆地の諏訪・岡谷などでは，まゆから生糸をつくる**製糸業**が発達した。
②第二次世界大戦後，化学せんいの普及にともなって生糸の生産が伸びなやむようになった。他方，高地の澄んだ空気を生かして，時計・カメラなどをつくる**精密機械工業**が成長した。
(2) **IC〔集積回路〕**などの小型・軽量の電子部品は，トラックでも大量に輸送できる。高速道路網の拡張にともない，地方の沿線にも工場がつくられた。
(3) 長野県は，他の2県の出荷量が少ない夏場に野菜を多く出荷している。**出荷時期をずらす**ことによって，出回る野菜の量が少なく，価格が高い時期に出荷できる。
(5) 福井県にある都市で，全国の眼鏡フレーム製造の約9割をしめている。なお，**ア**は食器，**イ**は輪島塗，**ウ**は銅器の**地場産業**がさかんな都市。

4 (1) **A**は**越後平野**。イの二毛作は冬の積雪のため，ほとんど行われていない。そのため，エのように水田率（耕地にしめる水田の割合）が高くなる。
(2) ①は山梨県，②は長野県，③は静岡県である。
(3) ①この半島は**渥美半島**。**あ**は能登半島，**い**は伊豆半島，**え**は知多半島である。
②**豊川用水**は，豊川や天竜川から引かれた用水で，これによって畑がかんがいされた。
③施設園芸農業は，温室やビニールハウスなどの施設を利用して栽培する農業。施設を利用することによって，**栽培時期を調節**することができ，市場の動向に合わせて出荷することができる。

5 関東地方

本冊 P.92

STEP 1 要点チェック

テストの要点を書いて確認

①高原野菜　②北関東　③東京

④三浦　⑤利根　⑥京浜　⑦京葉　⑧房総

STEP 2 基本問題

本冊 P.93

1 (1)①関東（平野）　②利根（川）　③荒（川）
④東京（湾）　(2)①太平洋　②からっ風

2 (1)ア　(2)ニュータウン　(3)①ア　②オ

3 (1)①印刷業　②電気機械工業
(2)近郊農業　(3)関東ローム

解説

1 (1)①関東平野は**日本最大の平野**。常総台地・下総台地・武蔵野台地などの台地や，房総丘陵や多摩丘陵などの丘陵が広く分布しているのが特色である。いっぽう，利根川などの川沿いや臨海部の埋め立て地は低地である。
②③東京都の水の供給源は，約8割が**利根川・荒川水系**である。利根川上流部には多くのダムが建設されており，東京だけでなく関東地方の水がめとなっている。
④東京湾は，大部分が埋め立てによる人工の海岸になっている。埋め立てや工場廃水・家庭排水によって環境破壊が進んでいるが，**干潟を保護する運動**もおこっている。
(2)①関東地方は亜熱帯性気候の小笠原諸島を除いて，ほとんどが**太平洋側の気候**である。**夏は蒸し暑く，冬は乾燥する**。内陸の県では，夏はしばしば酷暑に見舞われ，落雷が発生する。
②大陸から吹いてくる北西の季節風は，対馬海流の上を通って湿った風になり，日本海側の山地にぶつかって，北陸地方に大雪をもたらす。この風は越後山脈を越えると乾燥したからっ風となって，関東平野に吹いてくる。また，関東地方の内陸部の夏は，湿度が高く蒸し暑くなり，埼玉県熊谷市では40度以上の高温を観測した年もある。

2 (1)東京には，立法権の中心である**国会議事堂**，行政権の中心である**各省庁**，司法権の中心である**最高裁判所**があり，**政治の中心地**である。イ・ウは経済の中心である例，エは交通の中心である例。東京は文化の中心でもある。
(2)Aは**多摩ニュータウン**，Bは**港北ニュータウン**，Cは**成田ニュータウン**である。これらのニュータウンの住民の大部分は，東京や横浜に通勤・通学している。そのため朝夕は交通混雑が激しくなる。いずれも高度経済成長期の過密解消のために造成され，開発から50年以上経過している。多摩ニュータウンでは，住民の少子高齢化や建物の老朽化が問題となっている。
(3)①アの**筑波研究学園都市**は筑波山の南に計画的に

建設された都市で，東京から大学や多くの研究所が移転した。1970年代以降は，住宅地が開発され，大型商業施設も進出し，生活環境が整った都市に成長した。その後は，民間企業の研究施設も次々に進出した。2005年には，東京の秋葉原駅との間を約45分で結ぶ新しい鉄道が開通し，鉄道沿線にも住宅地が広がっている。
②オの**横浜市**は日本第2位の人口で，人口の増加率も高い。江戸時代末に開港し，外国人居留地が設けられて，洋館や教会などがつくられた。その後も日本を代表する貿易都市として発展した。

3 (1)**京浜工業地帯**は，東京湾の西側の東京や神奈川県に広がる工業地帯。東京には出版社や新聞社が多いことから，**印刷業**がとくにさかんである。
②高速道路が開通するなど，内陸部の交通が整備され，高速道路沿線に**工業団地**が進出した。内陸部の工業団地では，自動車輸送に適した電気機械や自動車などの機械工業がさかんになった。
(2)東京近郊の農家は大消費地の東京に近いため，新鮮なうちに東京の市場に出荷することができる。また，輸送費も少なくてすむ。
(3)関東ロームは火山灰が堆積した赤土なので，水田には適していない。

STEP 3 得点アップ問題

本冊 P.94

1 (1)①イ　②銚子　(2)ウ　(3)①a　②d

2 (1)①ヒートアイランド　②再開発
(2)エ　(3)イ，オ（順不同）

3 (1)（記号）ウ　（語句）みなとみらい21
(2)イ　(3)①北関東工業地域
②（例）高速道路沿いに工業団地をつくり，工場を誘致したから。

4 (1)茨城（県）
(2)（例）消費地の東京に近いので，少ない輸送費で出荷できる。　(3)イ

解説

1 (1)①日本最長の川は信濃川である。利根川は信濃川に次いで長く，流域面積は約1万6840km²もある。
②銚子港は三陸沖でとれた水産物が水あげされ，水あげ量は日本有数である。なお，銚子では古くからしょう油の生産がさかんである。
(2)Bの都市は東京。**太平洋側の気候**の特徴を示したグラフを選ぶ。アは日本海側の気候，イは南西諸島の気候，エは北海道の気候の特徴がみられる。
(3)①群馬県の嬬恋村。中央高地の高原と同じように，**夏でもすずしい気候**を利用して，キャベツを大量に栽培している。
②房総半島の南端である。付近を暖流の**黒潮〔日本海流〕**が流れているため，冬でも温暖な気候である。1年中野菜や花を栽培し，東京へ出荷している。

2

(1)①東京の中心部は高層ビルが林立するなど都市化が進行した結果，周辺部よりも気温が下がりにくくなっている。夏は夜間でも気温が高く，最低気温が25℃以上の日となる熱帯夜や，最高気温が35℃以上の日となる猛暑日の原因となっている。また，夏の高温により，ゲリラ豪雨とよばれる局地的な集中豪雨が多発している。

②都心のビルの跡地や，臨海部の工場・倉庫の跡地などが再開発され，住居用の高層ビルや大型商業施設などが建設された。

(2)**エ**の面積が誤り。全国にしめる東京都の面積は，わずか0.6％である。香川県，大阪府に次いでせまい面積でありながら，人口は**ウ**のように11％もしめている。東京への**一極集中**が進んでいる。

(3)過密地域の問題を選ぶ。**ア**や**エ**は過疎地域がかかえる問題，**ウ**は京都や奈良，鎌倉などのように古都とよばれる地域がかかえる問題である。

3

(1)この都市は**横浜市**。みなとみらい21地区は，造船所の跡地が大規模に再開発され，国際会議場・美術館・商業施設などが建設された。

(2)**A**は**京浜工業地帯**。東京都の大田区から川崎市にかけての一帯には，数多くの中小工場が集まっており，先端技術産業をリードする工場も少なくない。**ア**．**中京工業地帯**のこと。**ウ**．瀬戸内工業地域や京葉工業地域のこと。京浜工業地帯は機械工業の割合が大きく，素材生産の割合は比較的小さい。**エ**．東京にも地場産業はあるが，江戸切子や和裁・刺繍などが知られており，陶磁器生産が主ではない。

(3)①**北関東工業地域**は，群馬県，栃木県，茨城県に広がる内陸型の工業地域。

②北関東の内陸部で，高速道路の整備が進んだことで，北関東の県や市町村はインターチェンジ付近に工業団地を造成して，工場の誘致をはかった。そこに，工業用地が不足していた京浜工業地帯の工場が移転し，北関東工業地域が形成された。また，トラック輸送に向いている電気機械や自動車の組み立て工場が多いことも特徴の1つである。

4

(1)茨城県や千葉県は，キャベツ，はくさい，ねぎなどの野菜のほかに，鶏卵の生産量も全国上位に入っている。

(2)関東地方の各県は，大消費地である東京大都市圏にあり，**近郊農業**がさかんである。消費地に近いと輸送時間や輸送費用をおさえることができ，鮮度を保つための費用や保管費なども少なくてすむという利点がある。

(3)輸出・輸入ともに半導体や集積回路などの軽量・小型で高価な製品が上位をしめていることから，航空輸送の特徴であることをつかむ。また，輸出額・輸入額も多いことから，日本最大の貿易港〔空港〕である**成田国際空港**と判断できる。

---

6 東北地方・北海道地方

STEP 1 要点チェック

テストの**要点**を書いて確認　　本冊 P.96

①十勝　　②奥羽　　③庄内　　④根釧　　⑤津軽

⑥リアス海岸

STEP 2 基本問題　　本冊 P.97

1 (1) ①日高(山脈)　　②奥羽(山脈)　　③石狩(川)
④北上(川)　　⑤知床(半島)
(2) b　　(3) 開拓使　　(4) 七夕まつり

2 (1) 仙台平野　　(2) ①イ　　②エ
(3) 東北自動車道

3 (1) A―イ　　B―ウ　　C―ア
(2) エコツーリズム〔エコツアー〕　　(3) イ

解説

1 (1)①北海道は，**日高山脈**と**北見山地**を境に東部と西部に大きく分けることができる。

②**奥羽山脈**は南北に走り，東北地方を日本海側と太平洋側に分けている。火山が多いので地熱エネルギーにめぐまれており，**地熱発電所**も建設されている。

③**石狩川**は，かつては曲がりくねっていたが，流路を整える工事が行われ，水害が減少した。

④**北上川**は東北地方で最も長い川で，上流には**北上盆地**，下流には仙台平野がある。

⑤**知床半島**は，えぞまつ・とどまつなどの原生林や高山植物がみられ，**知床国立公園**に指定されている。

(2)東北地方は，夏に**やませ**の影響を受ける太平洋側の方が平均気温が低い。冬の降雪は，日本海側の方が多い。

(3)**A**は**札幌市**。明治政府は蝦夷地を北海道と改称し，札幌に**開拓使**を置いて開拓の拠点とした。開拓の主力となったのは，北方の警備を兼ねた**屯田兵**であったが，アイヌの人々も動員された。

(4)**B**は宮城県。七夕まつりのほか，選択肢の東北の夏祭りは，毎年8月上旬のほぼ同時期に開催され，これらの祭りをめぐるツアーは人気がある。

2 (1)仙台市の北，北上川流域に広がる仙台平野。

(2)①は青森県。**津軽平野**がりんご栽培の中心で，全国の生産量の約6割をしめている。②は山形県。最上川上流の**山形盆地**などで果樹栽培がさかん。**さくらんぼ**の生産量は全国の約8割をしめている。

(3)1970～80年代，**東北自動車道**や**東北新幹線**が開通し，首都東京のある関東地方との**時間距離**が短縮された。これにともなって，広い工業用地と豊富な労働力を求めて，高速道路沿線などに**工業団地**が進出し，電気機械などの機械工業が発達した。さらに1990年代以降は，自動車組み立て工場や関連工場も進出している。

3

(1) A. 石狩平野には泥炭地が広がり，農業に向いていなかったが，**排水工事**と，良質の土に入れ替える**客土**により水田地帯に生まれ変わった。石狩平野や上川盆地の夏は比較的高温になるため，米の収穫量が多い。

B. 十勝平野では，広い耕地で**経営規模の大きい畑作**が行われている。じゃがいも・てんさいのほか，小麦などの麦類，あずきなどの豆類の栽培がさかんである。

C. 根釧台地は**火山灰の土壌**で土地がやせているうえに，夏も濃霧の影響で低温のため，稲作や畑作に不向きであった。1950年代から国の事業で経営の大規模化が進められ，パイロットファームという実験農場を建設，1973年からは新酪農村の建設が始まり，日本有数の酪農地帯となった。

(2) エコツーリズムは，自然・歴史・文化など地域固有の資源を保護しながら体験して学ぶ観光の在り方。北海道の知床のほかにも，沖縄の島々の自然を学びながら清掃活動をするといった取り組みも行われている。

(3) 新千歳空港は札幌市の南東にあり，国際便も発着している。東京国際空港〔羽田空港〕との間を結ぶ路線は，国内線で最も利用者が多い路線である。

STEP 3 得点アップ問題　　　　　　　　本冊 P.98

1 (1)①オ　②イ　(2) c　(3)①エ　②ア

2 (1)イ　(2)①最上川　②あきたこまち
(3) 潮境〔潮目〕
(4) (例) カラフルな色合いでデザインも現代風にした，時代の変化に合わせた製品づくりを行っている。

3 (1)①アイヌ　②世界遺産〔世界自然遺産〕
(2) 屯田兵　(3) エ
(4) (例) 水産資源を人の手で育てて増やし，管理しながらとる栽培漁業や養殖業のこと。

4 (1)イ　(2) (災害) 冷害　(風) やませ
(3)①客土　②米　(4) ウ

解説

1 (1)①この都市は**仙台市**。「杜」とは，豊かな緑を表す言葉。江戸時代に伊達藩の城下町として栄え，現在は人口100万人をこえる**政令指定都市**で，東北地方の**地方中枢都市**である。
②この都市は**札幌市**。開拓の拠点として計画的につくられた都市で，京都をモデルに**碁盤の目のような街路**が建設された。**北海道の政治・経済の中心地**で，商業施設も集中している。
(2) cの三陸海岸は典型的な**リアス海岸**。奥深い湾が多いので，2011年に発生した**東日本大震災**では，**津波**によって大きな被害を受けた。
(3)①の釧路市は冷涼な**北海道の気候**で，とくに冬の寒さがきびしい。これにあてはまるグラフは**エ**である。
②の秋田市は**日本海側の気候**で，冬は雪による降水量が多い。これにあてはまるグラフは**ア**。なお，**イ**は瀬戸内の気候の高松市，**ウ**は太平洋側の気候の浜松市。

2

(1) 東北地方では，秋田平野・庄内平野・仙台平野や横手盆地・北上盆地などで稲作がさかん。米の生産量は全国の**約4分の1**をしめている。
(2)① 最上川上流の山形盆地では，**扇状地でさくらんぼ**の栽培がさかんである。さらに上流の米沢盆地では**洋なし**の栽培がさかんである。
②秋田県の作付面積の約8割が「**あきたこまち**」である。山形県の庄内平野で「はえぬき」，ほかに「つや姫」，岩手県や宮城県では「ひとめぼれ」，青森県では「まっしぐら」や「つがるロマン」など，消費者に興味や関心をもってもらえるような名称がついた銘柄米が多い。
(3) 潮境〔潮目〕は暖流と寒流がぶつかる海域なので，魚の種類が多く，世界有数の漁場になっている。
(4) 写真は岩手県の伝統的工芸品である南部鉄器で，鉄瓶として湯をわかす道具。安くて軽い調理器具の普及で，生産量が一時期減少した。そこで，海外への輸出を考え，これまでと違うさまざまな色や形に変え，IH調理器などの現代の生活環境でも使える製品として開発した。伝統的工芸品のよさを残しつつ，時代に合った製品づくりを行っている。

3

(1)① 北海道の地名はアイヌ語に由来するものが多い。例えば，札幌はサッポロペツ「乾いた大きな川」という意味である。
②知床では，観光客によって貴重な植物が踏み荒らされないように，高架木道を設置するなど，自然環境を守る配慮がされている。環境保全と観光の両立をめざした**エコツーリズム**の例の1つである。
(2) 屯田兵が居住した屯田兵村のなごりが，旭川市近郊などに残っている。
(3) エは静岡県である。なお，てんさいとは，砂糖の原料となる工芸作物で，北海道の生産が100％をしめている。
(4) 日本の水産業は，SDGsの目標14「海の豊かさを守ろう」を達成するためにも，育てる漁業によって**持続可能な漁業**を目指している。

4

(1) Aは青森県。青森県の有名な漆器は**津軽塗**である。会津塗は福島県の伝統的工芸品。
(2) Bの三陸地方では，夏に**やませ**とよばれる北東の風が吹くことが多い。やませは寒流の**親潮〔千島海流〕**の上を通過するため，冷たく湿った風になる。そのため，夏の気温が低くなる。また，湿った風なので霧が発生しやすく，しばしば日照がさえぎられる。この**異常低温と日照不足**によって，稲などの農作物の生育が悪くなり，**冷害**がおこる。
(3)① 農業に適した土良に改良するため，ほかの地域から土を運び入れることを，**客土**という。
②**C**の石狩平野は土地改良によって水田地帯になり，北海道の米の生産量は全国有数になった。
(4) 北海道では，豊かな自然のもたらす資源を利用した工業がさかんで，とくに乳製品・食肉加工・水産加工などの**食料品工業**のしめる割合が大きい。

❶ (1)① (記号)オ　(語句)二毛作
　　② (記号)ア　(語句)客土
　(2)ア　(3)d　(4)過疎〔過疎化〕

❷ (1)①横浜　②仙台　(2)近郊農業　(3)エ
　(4)ポートアイランド

❸ (1)東シナ海　(2)①大分県　②エ
　(3)シラス(台地)　(4)(例)入荷量が少なく，価格が高い時期に出荷できる。
　(5)(グラフ2)ⓑ　(図)ⓕ

解説

❶ (1)①この川は筑後川。下流に広がっているのは筑紫平野で，九州一の稲作地帯である。早くから二毛作がさかんで，最近はビニールハウスを利用したトマト・いちごの栽培が行われている。また，筑紫平野が面している有明海は遠浅で，潮の干満の差が大きいため，昔から干拓がさかんに行われてきた。
②この川は石狩川。下流に広がっているのは石狩平野で，稲作に不向きな泥炭地が広がっていた。排水工事と客土によって水田地帯に生まれ変わり，全国有数の米の産地になった。
(2)地図に示されているのは和歌山県・愛媛県・静岡県・熊本県・長崎県である。みかんは全体として暖かい地方で栽培され，西日本での生産量が多い。イのりんごはすずしい地方で栽培され，青森県・長野県の生産量が多い。ウのぶどうは扇状地の広がる盆地でさかんに栽培される。山梨県・長野県・山形県の生産量が多い。エのパイナップルは亜熱帯の気候の地域の作物で，おもに沖縄県で栽培されている。
(3)夏は気温が高くて降水量が多く，冬は降水量がきわめて少ないので，太平洋側の気候の都市である。また，冬も比較的暖かいのが特徴である。よって，気温と降水量のグラフがあてはまるのはdの高知市である。aの釧路市は冷涼な北海道の気候，bの金沢市は冬に降水量が多い日本海側の気候，cの岡山市は年間を通じて降水量が少ない瀬戸内の気候である。
(4)Xは中国山地。山間部の農村や山村では，人口がいちじるしく減少する過疎化が進行し，さらに高齢化も急速に進んでいる。そのため，学校・病院などの公共施設が閉鎖されたり，鉄道・バス路線が廃止されたりするなど，地域の社会生活を維持することが困難になっている地域もある。

❷ (1)①人口が300万人以上の都市。ニュータウンが建設された内陸部で人口が急増した。日本を代表する国際貿易都市で，市内には中国料理の専門店などが集まる中華街がある。
②江戸時代に城下町として発展し，現在は東北地方の政治・経済・文化の中心である。武家屋敷の林が多く残されていることから市内は緑が豊かで，「杜の都」とよばれている。東北新幹線や東北自動車道が開通す

ると，東北地方の交通網の中心となった。仙台駅からは東北各地に向かう列車が発着し，高速バスのターミナルもある。
(2)関東平野の東京周辺では，東京に野菜・たまご・生乳を供給する近郊農業がさかんである。消費地に近いので，新鮮さを維持するための費用や輸送費が少なくてすむという利点がある。
(3)中京工業地帯の工業の特色を考える。中京工業地帯では，豊田・岡崎・鈴鹿などで自動車工業がさかんで，組み立て工場の周辺には部品を生産する関連工場が集まっている。また，名古屋などでは航空機の生産も行われている。
(4)神戸では，丘陵地を開発してニュータウンが建設された。そのときに生じた土で沖合を埋め立て，人工島のポートアイランドを建設した。ポートアイランドには大型船が接岸できるふ頭が設けられ，マンションや商業施設も建設された。また，先端的な医療研究施設も集められた。

❸ (1)東シナ海には，海底が200mまでの平たんな大陸棚が広範囲に広がっている。
(2)①大分県には，別府温泉や湯布院温泉など，全国的に有名な温泉がある。
②地熱発電は，火山活動の地熱で発生した蒸気を利用してタービンを回して発電する。火山の多い地域に発電所がつくられ，国内の地熱発電所の約4割は，九州地方に集中している。九州地方のほかに東北地方に多い。
(3)シラスとは「白砂」を表す。シラスは水を保ちにくいため，稲作に不向きで，昔から乾燥に強いさつまいもなどが栽培されてきた。現在は，かんがい設備や農業用水の整備により，野菜や茶の栽培がさかんになった。
(4)Bは宮崎県。宮崎平野でピーマンの促成栽培がさかん。グラフ1の冬の時期(1～2月)に着目する。棒グラフから，関東地方やその他の道府県からの入荷は少なく，宮崎県の入荷量は多いことが読み取れる。その期間の折れ線グラフを見ると，1kg当たりの平均価格は最も高い。この2点を関連づけて，記述の文章を完成させるとよい。
(5)北九州工業地域は，1901年の八幡製鉄所の操業開始により鉄鋼業，つまり金属工業が発展した。その後，1960年代のエネルギー革命で鉄鋼業は衰え，自動車工業などの機械工業へ転換した。九州地方の単元で学習した，これらの内容をグラフ2や図と関連づけて考えると，答えが導き出せる。機械工業は，1960年では最も割合が低く，2014年では最も割合が大きいⓑである。機械工業は，臨海部にある北九州工業地域ではなく，高速交通網の整備により周辺地域に自動車工場がつくられたことからⓕと判断できる。